MÉTHODE DE FRANÇAIS NIVEAU **3**

STUDIO

Christian Lavenne

Évelyne Bérard

Gilles Breton

Yves Canier

Christine Tagliante

Table de références des textes et crédits photographiques

Couverture : F. Achdou/Urba Images - **Intérieur : p. 7 :** Eric Cabbanin/AFP (hc) ; Ex-Rouchon/Explorer (mc) ; Royalty-Free/Corbis (bc) - **p. 9 :** Stephen Simpson/Taxi/Gettyimages (hd) ; Eclair Mondial/Sipa (mg) ; Laurent Zabulon/Vandystadt (md) - **p. 14 :** Lipnitzki/Roger Viollet (hg) ; Radio France, Pocket 2001 - **p. 17 :** Rob & Sas/Corbis (hd) ; Jobard/Sipa (1) ; Aurélia Galicher (2) ; Weststock/Sunset (3) ; Le Bot/Photononstop (4) - **p. 26 :** Roy/Sunset (hg) - **p. 27 :** Christophe Geral/Stills (mg) ; Jean-Marie Mazeu/Stills (bg) ; Christophe Geral/Stills (bc) ; D.R. (bd) ; *Si j'avais un marteau*, adaptation française de " If I Have A Hammer ", paroles originales & musique de Lee Hayes et Pete Seeger, paroles françaises de Liliane Konyn © Ludlow Music Inc. Publié avec l'autorisation des Éditions Tro Essex France - Paris (hd) ; Si j'étais elle, Carla Bruni, Julien Clerc/Si on chantait (mc) ; Si j'étais garçon, paroles de Pierre Cour, musique de Jean Bacri/© 1964 by Editions Bagatelle, 24 place des Vosges, 75003 Paris (md) ; Si j'avais des millions, adaptation française de Charles Aznavour S/les motifs de " If I were a rich man " (Jerry Bock/Sheldon Harnick) © Time Square Music Co. Droits exclusifs pour France, Territoires SACEM (Luxembourg exclu), Europe n° 1, RTL (Programmes Français) : Warner Chapell Music France & Jerry Bock Enterprises (NC)/EMHA (bg) ; S'il suffisait d'aimer, paroles et musique de Jean-Jacques Goldman © 1998, IRG/DUFFIELD Music (bd) - **p. 29 :** Axel/Jacana - **p. 31 :** Roger Ressmeyer/Corbis (hd) ; PhotoDisc (a) ; Nicolas Tavernier/REA (b) ; Vincent Besnault/Gettyimages (c) ; V. Virgil/Stills (d) ; Andre Edouard/Photononstop (e) ; Zephyr Images/Sunset (f) - **p. 32 :** Christophe L (md) ; Japack/Sunset (bg) ; Le français dans tous les sens, Henriette Walter, Livre de poche - **p. 33 :** Rue des Archives (hg) ; Gimpel/Photos12.com (md) - **p. 41 :** Royalty-Free/Corbis (mh) ; F. Vielcanet/Urba Images (mc) ; Ex-Rouchon/Explorer (bc) - **p. 42 :** Hergé/Moulinsart 2002 (hd) - **p. 43 :** JL Bohin/Explorer (hd) ; Labat/Jerrican (2) ; PhotoDisc (3) ; Christophe L (4) - **p. 48 :** Aurélia Galicher - **p. 52 :** E. Poupinet/Sunset (hg) - **p. 54 :** Mauritius/Photononstop (hd) ; F. Bouillot/Marco Polo (mg) - **p. 58 :** Bordas/Sipa (hg) ; Martinie/Roger Viollet (mg) ; Retro/Stumpf/Sipa (mc) ; Botti/Stills (md) - **p. 59 :** Réponse à tout - **p. 60 :** Aurélia Galicher (a, g) ; J. du Sordet/Ana (b) ; Science et Nature (c) ; Serge Labrunie/ASK Images (d) ; EMI/Claude Gassian (e) ; Aux Editions Pocket dans la collection Classiques, n° 6058 (f) ; Claude Thibault/ASK Images (h) ; J. Nicolas/Urba Images (i) - **p. 61 :** H. Lewandowski/RMN (hd) ; Christophe L (mg) - **p. 63 :** F. Bouillot/Marco Polo - **p. 64 :** Abdelhak Ouddane - **p. 65 :** ND/Roger Viollet (hg) ; Hulton Archive (hd) ; D.R. - **p. 66 :** Yann Guichaoua/Sunset (hd) ; CGT ; CFDT ; FO ; Manuelle Toussaint/Gamma (bd) - **p. 67 :** Thomas Coex/AFP (hd) ; Le Bot/Gamma (md) ; Partie Socialiste (bg) ; UDF (bc) ; L. Bertau/Urba Images (bd) - **p. 75 :** Rob Melnychuck/PhotoDisc (hc) ; T. Borredon/Explorer (mc) - **p. 76 :** Elie/Explorer/Hoa-qui (a) ; Mauritius/Photononstop (b) ; P. Moulu/Sunset (c, h) ; Figinaki/Sunset (d) ; Zephyr Images/Sunset (e) ; AGE/Photononstop (f) ; Benelux Press/Photononstop (g) - **p. 79 :** Bettmann/Corbis (hg) ; Jack Guez/AFP (hd) - **p. 81 :** Alexandre Dumas, Le Comte de Monte-Cristo, 1, collection Folio Classique, Gallimard/The Bridgeman Art Library - **p. 86 :** Q. Scott/Zefa/Hoa-qui (hg, mg) ; Ilico/Photononstop (hd) ; B. Machet/Hoa-qui (md) - **p. 91 :** Jeanneau/Sipa - **p. 96 :** Pedro Coll/AGE/Hoa-qui - **p. 97 :** Perousse Bruno/Hoa-qui - **p. 100 :** Alexandra Boulat/Sipa - **p. 123 :** *Madeleine*, Paroles et musiques : Jacques Brel, Musique : Jean Corti & Gérard Jouannest © 1962 Les Éd. Musicales Caravelle avec l'aimable autorisation de Universal/MCA Music Publishing.

Nous avons recherché en vain les auteurs ou les ayants droit de certains documents reproduits dans ce livre. Leurs droits sont réservés aux Éditions Didier.

Dessinateurs :
Hubert Blatz : pp. 10, 16, 23, 30, 45, 47, 48, 50, 53, 54, 57, 77, 84, 89, 94, 101.
Didier Crombez : pp. 11 (b), 12, 15, 19, 22, 24, 27, 43, 44, 46 (b), 55, 59, 62, 78, 82, 85, 87, 93 (b), 98, 99.
Dom Jouenne : pp. 8, 11 (h), 13, 18, 21, 25, 28, 42, 46 (h), 49, 51, 52, 56, 80, 83, 93 (h), 95, 102, 103, 104, 105.

Couverture : François Huertas
Conception maquette : François Huertas
Mise en pages : Nelly Benoit
Photogravure : ParisPhotoComposition

© Les Éditions Didier, Paris 2002   ISBN 2-278-05310-8   Imprimé en France

L'ensemble didactique de Studio

L'ensemble didactique *Studio* propose deux formules d'enseignement / apprentissage basées sur deux volumes horaires différents : une formation de 60 heures par niveau (*Studio 60*) et une de 100 heures par niveau (*Studio 100*).

Studio 60 niveau 3 est le dernier ouvrage de la trilogie de *Studio 60* et offre un total de 180 heures d'enseignement / apprentissage (60 heures par niveau x 3). Parallèlement, *Studio 100* propose deux niveaux, soit 200 heures (100 heures x 2). Les deux *Studio* se rejoignent ensuite en un ouvrage commun, qui mènera les apprenants au niveau B1 du *Cadre européen commun de référence pour les langues*[1] défini par le Conseil de l'Europe, niveau correspondant aux quatre unités du DELF 1er degré.

Studio 60 et le Cadre de référence du Conseil de l'Europe

L'ensemble des trois niveaux de *Studio 60* permet aux apprenants de maîtriser en 180 heures d'apprentissage, les compétences attendues au niveau A2 du *Cadre européen commun de référence pour les langues*.

Ce *Cadre* présente six niveaux de compétence en langues, définis et validés grâce à une méthodologie rigoureuse combinant des analyses intuitives, qualitatives et quantitatives.

Les deux premiers niveaux concernent l'utilisateur élémentaire (niveaux A1 et A2), deux autres décrivent les compétences de l'utilisateur indépendant (niveaux B1 et B2, le niveau B1 étant mieux connu sous le nom de « Niveau seuil »), les deux derniers niveaux (C1 et C2) présentent les compétences de l'utilisateur expérimenté.

Chaque activité travaillée dans *Studio* correspond à l'un des descripteurs du *Cadre*. Les descripteurs sont indiqués en tête des fiches d'exploitation présentées dans le *Guide pédagogique*.

Studio 60 niveau 3

Dernière phase de trois fois 60 heures d'apprentissage. Destiné aux grands adolescents et aux adultes, *Studio 60* a été conçu pour un enseignement en présentiel.

Le CD audio permet cependant aux apprenants de réécouter certaines des activités faites en classe et de travailler seul l'ensemble des exercices complémentaires.

Dans le *Guide pédagogique*, l'enseignant trouvera, pour chaque activité, le descripteur de compétence du niveau A2 du *Cadre*, une proposition de démarche pas à pas, ainsi qu'une indication de durée, des propositions d'utilisation des tableaux de grammaire, des indications sur les exercices complémentaires à effectuer, des informations complétant les pages *Cultures* ; des remarques, des points formation, des suggestions de lectures. Pour chaque parcours, une évaluation sommative, facultative, qui n'apparaît pas dans le livre de l'élève, est proposée.

Une progression en spirale

La progression de l'apprentissage et les contenus de *Studio 60* sont totalement originaux. Apprentissage, reprise, anticipation. La progression est basée sur des savoir-faire linguistiques relativement complexes (expliquer et formuler des hypothèses ; rapporter des intentions, des points de vue ; exposer, convaincre, argumenter, exprimer des sentiments). Leur découverte et leur reprise, à un rythme soutenu, en permettent l'acquisition. L'apprenant est sans cesse sollicité, l'enseignant lui demande de mettre en œuvre ces savoir-faire, dans des tâches communicatives simples qui correspondent à la réalité de la vie quotidienne.

Séances, séquences et parcours

Studio 60 propose trois **parcours** de 20 heures d'apprentissage chacun. Chaque parcours est composé de **séquences** (quatre séquences de cinq heures par parcours). Ces séquences se divisent naturellement en **séances** qui correspondent chacune à une séance de cours.

Une séquence est donc une unité courte d'enseignement qui amène l'apprenant à maîtriser un savoir-faire complet directement réutilisable.

Un parcours propose un savoir-faire global. C'est un ensemble qui comprend trois séquences d'apprentissage et une séquence de reprise / anticipation. La **reprise** des objectifs d'apprentissage permet la fixation des acquis. L'**anticipation** permet d'appréhender de façon souple et légère les objectifs à venir.

Approche retenue

Elle se fonde sur une analyse de la langue en termes de capacités. La maîtrise de ces capacités doit permettre à l'apprenant de communiquer de façon simple dans des situations de la vie quotidienne. Cette approche méthodologique s'appuie sur les travaux du Conseil de l'Europe et en particulier sur les recherches décrites dans le *Cadre européen commun de référence* pour l'apprentissage, l'enseignement et l'évaluation des langues vivantes.

Dans *Studio 60* niveau 3, chacun des descripteurs du niveau A2 de la grille de référence du *Cadre commun* fait l'objet d'une ou de plusieurs activités d'apprentissage, en ce qui concerne les quatre aptitudes classiques de compréhension et d'expression écrites et orales, auxquelles a été ajoutée l'interaction orale.

Les trois composantes de la compétence communicative sont mises en œuvre progressivement et de façon le plus souvent systémique.

• **La composante linguistique**, qui a trait aux savoirs et aux savoir-faire relatifs au lexique, à la phonétique, à la sémantique et à la morphosyntaxe est toujours considérée sous l'angle de la communication. Chaque outil linguistique est introduit en fonction des savoir-faire communicatifs à acquérir. Dans la troisième séquence de chaque parcours, certains de ces outils font l'objet d'une systématisation (reprise) ou d'une anticipation (première approche).

Deux domaines thématiques ont été privilégiés : le domaine public, qui renvoie à des échanges sociaux ordinaires, et le domaine personnel, qui comprend aussi bien l'expression des goûts et des opinions que les relations familiales.

• **La composante sociolinguistique** qui renvoie aux conditions socioculturelles de l'usage de la langue est présentée de façon à ce que l'apprenant puisse appréhender la réalité de la culture francophone (codes des relations sociales, registres de langue, règles de politesse…) mais puisse aussi transmettre et échanger des informations liées à sa propre culture, son environnement, son mode de vie, dans une approche interculturelle.

• **La composante pragmatique** n'est pas laissée de côté : certains aspects de la compétence discursive et fonctionnelle, les usages gestuels, les mimiques sont étudiés. Ils vont permettre à l'apprenant de mettre en œuvre ses moyens langagiers de façon cohérente.

Les activités langagières

La compétence à communiquer est privilégiée. Elle est mise en œuvre à travers des activités langagières variées et le plus souvent ludiques, qui relèvent de la réception, la production et l'interaction. Des cartouches signalent concrètement la capacité travaillée :

COMPRENDRE	ÉCRIRE
CONNAÎTRE	LIRE
DÉCOUVRIR	PARLER

Dès le début de l'apprentissage, les activités mettent en jeu des capacités croisées. Les dialogues sont proches de l'authentique, ils reprennent ce qu'un non-francophone pourrait lire ou entendre s'il était en contact avec des francophones. La langue est vraie, vivante, amusante, elle véhicule du sens et est ainsi un témoignage direct de l'acte de communiquer.

Les tâches communicatives

Limitées et globales au début de l'apprentissage, elles deviennent rapidement plus fines et sont toutes conçues de façon à permettre une communication authentique au sein de la classe. L'apprenant s'implique, réagit en fonction de sa personnalité, exprime ses propres opinions, bref, « parle vrai ».

Les exercices

Intégrés à chaque séquence, ils permettent d'approfondir concrètement l'objectif visé. À la fin de chaque parcours, des exercices complémentaires sont proposés, afin que l'apprenant s'exerce, seul ou en groupe, à manipuler les structures apprises. L'enseignant et l'apprenant disposent ainsi de plus d'une centaine d'exercices qui reprennent l'ensemble des objectifs du manuel. Tous les exercices complémentaires sont intégrés dans le CD audio individuel.

L'évaluation

Une évaluation des acquis est proposée à la fin de chaque parcours, sous la forme d'une préparation progressive aux épreuves de l'unité A2 du DELF. Il s'agit d'une évaluation formative, qui ne donne pas lieu à une note. L'unité A2 ne comportant pas d'épreuve de compréhension orale, l'enseignant trouvera, dans le *Guide pédagogique*, une évaluation sommative des quatre capacités langagières (expression et compréhension orales et écrites), accompagnée de barèmes pondérés. À la fin du parcours 3, une épreuve complète de l'unité A2 du DELF 1er degré est proposée aux apprenants.

Les auteurs

1. *Cadre européen commun de référence pour les langues: apprendre, enseigner, évaluer*, Conseil de l'Europe, Division des langues vivantes, Didier, Paris 2001.

Objectifs d'apprentissage

PARCOURS 1 : Expliquer et formuler des hypothèses

À la fin de ce parcours, l'apprenant sera capable de structurer son discours, à l'oral et à l'écrit, en utilisant des articulateurs logiques. Il saura formuler des hypothèses et pourra mettre l'accent sur les intentions de communication que ces formulations permettent d'exprimer.

SÉQUENCE 1
Explications

OBJECTIFS

SAVOIR-FAIRE
- demander / donner une explication
- reconnaître et exprimer la cause et la conséquence

GRAMMAIRE
- cause / conséquence
- articulateurs logiques

ÉCRIT
- rédiger une affiche informative

CULTURES
- explication de faits socioculturels
- l'origine latine du français

SÉQUENCE 2
Éventualités

OBJECTIFS

SAVOIR-FAIRE
- formuler une hypothèse, une éventualité
- formuler des conditions, des consignes
- identifier des intentions de communication

GRAMMAIRE
- les constructions avec *si*
- l'éventualité avec ou sans *si*
- l'accord du participe passé

ÉCRIT
- rédiger des conseils ou des consignes
- compléter une règle de grammaire

CULTURES
- proverbes

SÉQUENCE 3
Reprise / anticipation

OBJECTIFS

SAVOIR-FAIRE
- reconnaître des sentiments, des attitudes
- donner des conseils
- rapporter une conversation
- retrouver un ordre chronologique

GRAMMAIRE
- le subjonctif
- les pronoms relatifs *qui, que*
- le plus-que-parfait

LEXIQUE
- les sentiments, les attitudes

CULTURES
- le personnel d'une entreprise
- les façons de qualifier les personnes

SÉQUENCE 4
Hypothèses

OBJECTIFS

SAVOIR-FAIRE
- formuler des hypothèses, des éventualités
- identifier des intentions de conversation

GRAMMAIRE
- l'hypothèse par rapport au présent, au futur, au passé
- le conditionnel passé
- constructions avec *si* + plus-que-parfait + conditionnel passé

CULTURES
- chansons françaises

PARCOURS 2 : Rapporter des intentions, des points de vue

À la fin de ce parcours, l'apprenant sera capable d'identifier les sujets d'une discussion ou d'un texte court, d'en extraire les informations essentielles et de rapporter des intentions ou des points de vue entendus ou lus.

SÉQUENCE 5
Discours rapporté

OBJECTIFS

SAVOIR-FAIRE
- identifier des intentions et des points de vue à l'oral
- rapporter des discours à l'oral

GRAMMAIRE
- la concordance des temps (discours direct, discours indirect)
- la construction des verbes du discours rapporté

LEXIQUE
- les verbes qui permettent de rapporter le discours à l'oral

ÉCRIT
- rédiger un court article

SÉQUENCE 6
Oral et écrit

OBJECTIFS

SAVOIR-FAIRE
- identifier des intentions et des points de vue à l'oral et à l'écrit
- rapporter et interpréter des paroles ou des discours écrits

GRAMMAIRE
- la concordance des temps (discours direct, discours indirect)
- le passé récent
- la construction des verbes du discours rapporté

LEXIQUE
- les verbes qui permettent de rapporter le discours à l'oral
- les différences de formulation entre l'écrit et l'oral

ÉCRIT
- prendre des notes
- répondre à une invitation

CULTURES
- les titres de journaux

SÉQUENCE 7
Reprise / anticipation

OBJECTIFS

SAVOIR-FAIRE
- reformuler des informations
- exprimer la simultanéité, la cause, la condition

GRAMMAIRE
- les pronoms relatifs *qui*, *que*, *dont*
- le gérondif
- les doubles pronoms

LEXIQUE
- attitudes et sentiments

CULTURES
- personnages célèbres

SÉQUENCE 8
Textes et paroles

OBJECTIFS

SAVOIR-FAIRE
- identifier et rapporter des points de vue présents dans des discours écrits

GRAMMAIRE
- concordance des temps

LEXIQUE
- proposer, refuser

ÉCRIT
- rédiger une proposition ou un refus

CULTURES
- la littérature : Zola
- la chanson : Renaud

PARCOURS 3 : Exposer, convaincre, argumenter, exprimer des sentiments

À la fin de ce parcours, l'apprenant sera capable d'exprimer un sentiment ou une attitude de différentes façons, de donner des arguments de plus en plus précis pour convaincre. Il sera, en outre, capable d'organiser son discours à l'écrit et à l'oral.

SÉQUENCE 9
Que d'émotions !

OBJECTIFS

SAVOIR-FAIRE
- exprimer un sentiment, une émotion, une attitude
- exprimer une opinion

GRAMMAIRE
- l'expression d'un sentiment avec un nom, un adjectif, un verbe
- ce qui, ce que

LEXIQUE
- attitudes positives et négatives

ÉCRIT
- décrire des attitudes, des sentiments
- rédiger une critique de livre

CULTURES
- chansons françaises

SÉQUENCE 10
Le pour et le contre

OBJECTIFS

SAVOIR-FAIRE
- argumenter, convaincre

GRAMMAIRE
- l'expression de l'accord et du désaccord
- l'expression de l'opposition

ÉCRIT
- écrire une lettre argumentée

CULTURES
- l'enseignement en France

SÉQUENCE 11
Reprise / anticipation

OBJECTIFS

SAVOIR-FAIRE
- repérer et indiquer la chronologie d'un discours

GRAMMAIRE
- passif
- nominalisation
- antériorité / postériorité
- les indicateurs chronologiques

LEXIQUE
- expressions de temps
- appréciation positive ou négative

ÉCRIT
- indiquer la chronologie d'un discours

SÉQUENCE 12
Discours

OBJECTIFS

SAVOIR-FAIRE
- exposer à l'oral
- organiser son discours à l'oral et à l'écrit

GRAMMAIRE
- les articulateurs du discours

LEXIQUE
- techniques d'expression

ÉCRIT
- préparer un exposé

CULTURES
- l'immigration
- les langues en Europe

1

À la fin de ce parcours, l'apprenant sera capable de structurer son discours, à l'oral et à l'écrit, en utilisant des articulateurs logiques. Il saura formuler des hypothèses et pourra mettre l'accent sur les intentions de communication que ces formulations permettent d'exprimer.

Expliquer et formuler des hypothèses

EXPLICATIONS

OBJECTIFS

SAVOIR-FAIRE
- demander / donner une explication
- reconnaître et exprimer la cause et la conséquence

GRAMMAIRE
- cause / conséquence
- articulateurs logiques

ÉCRIT
- rédiger une affiche informative

CULTURES
- explication de faits socioculturels
- l'origine latine du français

DÉCOUVRIR

•Vous avez une explication ?

Écoutez et, pour chaque enregistrement, complétez le tableau.

Dialogue témoin
– Vous avez un carton d'invitation ?
– Non.
– Alors, je suis désolé, mais vous ne pouvez pas entrer !

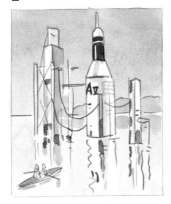

cause	conséquence
Il n'a pas de carton d'invitation.	☐ Il peut entrer.
	☐ Il ne peut pas entrer.
	☐ Il doit demander l'autorisation d'entrer.
☐ C'est un chèque en francs.	
☐ C'est un chèque en euros.	Son chèque a été refusé.
☐ Elle n'a pas signé son chèque.	
☐ Problèmes techniques.	
☐ Mauvais temps.	Le lancement d'Ariane 4 a été annulé.
☐ Climat trop sec.	
☐ Les automobilistes roulent trop vite.	
☐ Les automobilistes paient des amendes.	Des accidents.
☐ Les automobilistes téléphonent.	

COMPRENDRE LIRE PARLER

• Coutumes

Écoutez, lisez les textes et dites si les explications données sont bonnes ou mauvaises.

Pourquoi fait-on
des farces le 1er avril ?

Il y a très longtemps, l'année commençait à Pâques. Or, un jour, on a décidé qu'elle commencerait le 1er janvier. Comme Pâques tombait le 1er avril cette année-là, on a pris l'habitude de s'offrir de faux cadeaux et de se faire des farces chaque année le 1er avril.

Pourquoi,
en France, y a-t-il
souvent un coq
sur les clochers ?

Le coq, qui était l'emblème des Gaulois, est un animal combatif. Il surveille et défend le poulailler. C'est pour cela qu'on l'a placé sur les clochers, d'où il surveille et protège le village.

Pourquoi
le drapeau français est-il
bleu, blanc, rouge ?

Le drapeau des rois de France a toujours été un drapeau blanc.
Le drapeau de la ville de Paris, à l'époque de la Révolution était rouge et bleu.
Les révolutionnaires parisiens de 1789 ont créé le drapeau de la République en plaçant le blanc du roi au milieu du bleu et du rouge.

Et vous, connaissez-vous l'origine de votre drapeau national ?

Grammaire / communication : cause / conséquence

Pour lier deux faits entre eux dans un rapport de cause / conséquence, vous pouvez utiliser :

• **Pourquoi** (question) / **parce que** (réponse)
– Pourquoi est-ce que tu ne viens pas te baigner ?
– Parce qu'il fait froid !
Mais l'utilisation de pourquoi et parce que n'est pas obligatoire :
– Tu ne viens pas te baigner ?   – Il fait froid !
• **À cause de / grâce à + nom**
À cause de annonce une conséquence négative,
grâce à annonce une conséquence positive :
L'accident a eu lieu à cause du brouillard.
L'incendie n'a pas fait de dégâts, grâce à l'arrivée rapide des pompiers.

• **En raison de, à la suite de + nom, suite à + nom**
En raison du mauvais temps, le match a été annulé.
La réunion a été annulée à la suite d'une panne d'électricité / suite à une panne d'électricité.
• **Des verbes comme** provoquer, causer
Le brouillard a provoqué de nombreux accidents.
La tempête a causé d'importants dégâts dans tout le sud du pays.
• **Des expressions comme** à l'origine de / responsable de / dû à + nom
L'accident est dû au brouillard.
C'est l'imprudence qui est à l'origine de cet incendie.
On ne sait pas qui est responsable de cet incident.

Expliquer et formuler des hypothèses

`COMPRENDRE PARLER`

•Vous avez fait un bon voyage ?

Écoutez et imaginez ce que dit le personnage au téléphone (il raconte ce qui est arrivé).

•Exercice : positif ou négatif ?

Dites si la conséquence évoquée (en couleur) est positive ou négative.

1. Grâce à ce nouveau produit, votre salle de bains sera brillante du sol au plafond !

2. Si on a perdu ce match, c'est la faute de l'arbitre !

3. Cette année, je ne suis pas partie en vacances. J'avais trop de travail !

4. Je l'ai remercié pour l'aide qu'il nous a apportée dans ce projet.

5. Je n'ai pas dormi à cause du bruit.

6. Il a été condamné à six mois de prison pour vol.

7. À cause de vous, j'ai raté mon train.

8. Victime d'une chute, il a dû abandonner la course.

•Expliquez-vous !

Imaginez la ou les questions qui ont provoqué ces réponses.

1. – .... ? – Parce qu'il n'y a pas de place.

2. – .... ? – Parce qu'elle s'est mariée.

3. – .... ? – Parce que je n'ai plus d'argent.

4. – .... ? – Parce qu'il fait trop chaud.

5. – .... ? – Parce qu'il n'habite plus ici.

6. – .... ? – Parce qu'elle est en colère.

7. – .... ? – Parce que j'adore faire des cadeaux.

8. – .... ? – Parce qu'elle est étrangère.

9. – .... ? – Parce que c'est bon pour la santé.

10. – .... ? – Parce que j'ai le vertige.

LIRE PARLER

• Avis à la population !

Lisez les affiches. Regardez les images et imaginez le dialogue.

VILLE DE MEAUX

En raison de la journée
sans voiture, la circulation sera
interdite dans le centre-ville
le lundi 22 septembre
de 8 heures à 19 heures.

BIBLIOTHÈQUE MUNICIPALE

Par respect
pour la tranquillité du public,
vous êtes priés d'éteindre
vos téléphones portables.

ORLY - INFOS

Pour des raisons
de sécurité, vous êtes priés
de conserver votre bagage
auprès de vous.

COMPRENDRE ÉCRIRE

• Vous n'avez pas lu l'affiche ?

Écoutez et rédigez l'affiche ou le texte correspondant.

Expliquer et formuler des hypothèses

11

• Énigmes

Lisez et formulez vos réponses et vos explications.

Un coq est perché au sommet d'un toit. Un côté du toit est incliné à 80° et l'autre à 60°.

De quel côté va tomber l'œuf ?

Un gardien de nuit rêve que son patron va gagner au loto.

Le lendemain matin, il le dit à son patron.

Son patron joue et gagne.

Le lendemain, il remercie son employé mais le licencie.

Pourquoi ?

Des archéologues ont découvert une pièce de monnaie à l'effigie de Jules César avec une inscription : *52 ans avant Jésus-Christ*.

Est-ce possible ?

Un petit et un gros crocodile dorment au soleil près de la rivière. Le petit est le fils du gros mais le gros n'est pas son père.

Qui est le gros crocodile ?

•De bonnes raisons

Écoutez, observez les images et imaginez une explication.

Dialogue témoin

Tiens, Mathieu n'est pas là. C'est bizarre, d'habitude, il est toujours à l'heure…

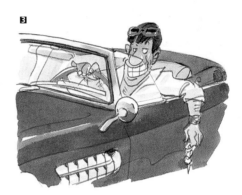

•Exercice : cause / conséquence

Choisissez la suite qui convient.

1. Il a été absent pendant une semaine…
   - ☐ à cause d'une forte grippe.
   - ☐ parce qu'il est mort.
   - ☐ grâce à son travail.

2. Il a ouvert la fenêtre…
   - ☐ parce qu'il faisait froid.
   - ☐ à cause de la chaleur.
   - ☐ parce qu'il y avait trop de bruit dans la rue.

3. J'ai perdu beaucoup d'argent…
   - ☐ grâce à tes bons conseils.
   - ☐ à cause de la grippe.
   - ☐ parce que je n'ai pas suivi tes conseils.

4. J'ai eu un accident…
   - ☐ parce que je suis un excellent conducteur.
   - ☐ à cause du brouillard.
   - ☐ grâce à mon imprudence.

5. J'apprends le français…
   - ☐ à cause de mon patron.
   - ☐ parce que je connais bien cette langue.
   - ☐ parce que j'adore cette langue.

6. La vie est belle...
   - ☐ à cause de toi.
   - ☐ parce que tu es là.
   - ☐ parce que je suis triste.

Expliquer et formuler des hypothèses

LIRE

•J'en perds mon latin

Lisez le texte et répondez au questionnaire.

Question posée par Aïcha, huit ans et demi :

Pourquoi faut-il des *s* au pluriel ?

Prenons l'exemple du prénom *Thomas* : il se termine par un *s*, mais ne se prononce pas !

Dans la langue française, le *s* du pluriel ne s'entend pratiquement jamais. D'où provient-il ?

D'une consonne finale d'un mot au pluriel, en latin. Mais en latin, il se prononçait ! Dans cette langue ancienne, la grammaire était un peu compliquée. Si le pluriel de *rosa* (*la rose*) était complément du verbe, on disait *rosas*. Exemple : *Je cueille des roses*. Si le nom *rose* était sujet, on disait, au pluriel, *rosae*. Connaissez-vous la chanson de Jacques Brel : *Rosa, rosa, rosam, rosae, rosae, rosa, rosae, rosae, rosas, rosarum, rosis, rosis...* ? C'est cette forme en *s* qui a donné le *s* du pluriel en français. Mais ce *s* s'est maintenu uniquement dans l'écriture. En espagnol ou en portugais, deux langues qui sont elles aussi issues du latin, le *s* se prononce. Par exemple : *gambas*, pluriel de *gamba*. Toutefois, en français, il existe des cas où le *s* se prononce. Quand on dit les articles, vous l'entendez (au pluriel). Dans certaines liaisons, et surtout après les articles *les* et *des*, comme *les enfants*, *les artichauts*, vous l'entendez aussi ! Si à la fin des mots, il ne se prononce pas, il ne faut pas pour autant, au pluriel, oublier de l'écrire. C'est une règle d'orthographe qui est assez simple au regard d'autres bien plus compliquées. Notre orthographe a gardé des traces de prononciations très anciennes en évoluant lentement. C'est pour cette raison que la langue française est un peu difficile à apprendre, mais guère plus qu'une autre langue !

Extrait du livre de Noëlle Breham, *Les P'tits Bateaux*,
écrit à partir d'interviews d'enfants réalisées par Henriette Walter sur France-Inter.

	vrai	faux
1. Quand on dit *les Hollandais*, le *s* de *les* ne se prononce pas.	☐	☐
2. Le français vient du latin.	☐	☐
3. En français, le *s* du pluriel ne se prononce jamais.	☐	☐
4. Il existe quelques cas où il faut prononcer le *s* du pluriel, avec les articles par exemple.	☐	☐
5. En espagnol, le *s* du pluriel ne se prononce pas.	☐	☐
6. Quand on écrit en français, le *s* du pluriel n'est pas obligatoire.	☐	☐
7. L'orthographe du français est un peu compliquée parce qu'elle a conservé des prononciations anciennes.	☐	☐
8. Il y a très longtemps, la prononciation du français était différente de celle d'aujourd'hui.	☐	☐
9. Le latin était une langue compliquée.	☐	☐
10. La règle la plus compliquée en français, c'est le *s* du pluriel.	☐	☐

ÉVENTUALITÉS

SÉQUENCE 2

DÉCOUVRIR

● Proverbes

**Écoutez et identifiez le proverbe
qui correspond à chaque enregistrement.**

Dialogue témoin

Je voudrais remercier l'ensemble du personnel. Si notre entreprise est devenue performante, c'est grâce aux efforts de tous. Comme dit le proverbe : *les petits ruisseaux font les grandes rivières…*

LES PETITS RUISSEAUX FONT LES GRANDES RIVIÈRES

DANS LE DOUTE, ABSTIENS-TOI

QUI VEUT VOYAGER LOIN MÉNAGE SA MONTURE.

b ☐

c ☐

LES ABSENTS ONT TOUJOURS TORT.

guichet 1

d ☐

ON NE FAIT PAS D'OMELETTE SANS CASSER DES ŒUFS.

Expliquer et formuler des hypothèses

15

Qu'est-ce que je fais si...

Écoutez l'enregistrement et imaginez la conversation entre M. Guichard et la secrétaire.

Dialogue témoin

– Excusez-moi de vous déranger, M. Lafont, mais M. Guichard a téléphoné : il souhaiterait vous rencontrer.

– Guichard ? Quel pot de colle ! Pourquoi est-ce qu'il veut me rencontrer ?

– Il dit que vous n'avez pas encore réglé ses factures. Qu'est-ce que je lui dis s'il rappelle ?

– ...

Grammaire / communication : les constructions avec si

• **Si + présent + présent :**

S'il y a un problème, je te téléphone.

• **Si + présent + impératif :**

Si tu as un problème, téléphone-moi !

• **Si + présent + futur :**

Si le restaurant est fermé, on ira manger une pizza chez Gino.

• **Si + passé + présent :**

Bon, si tu as terminé, on y va.

• **Si + passé + futur :**

Si je n'ai pas fini ce soir, je continuerai demain.

Remarques :

• *Si ne peut pas être suivi d'un futur, même si l'action ou la situation évoquée avec si a lieu dans le futur :*

S'il fait beau demain, je vais à la plage.

• *Le passé utilisé avec si est un passé « relatif » c'est-à-dire qu'il a lieu chronologiquement avant le deuxième événement évoqué :* Si j'ai trouvé une solution (1), je te préviens (2) !

Exercice : consignes

Reformulez les phrases en utilisant si + vouloir, désirer, souhaiter.

Exemple :

Pour réserver, appeler le 01 40 23 30 98.   → Si vous désirez réserver, appelez le 01 40 23 30 98.

1. Pour obtenir un renseignement, composer le 3612.   →   ....

2. Pour effacer votre message, cliquer sur *annulation*.   →   ....

3. Pour me joindre pendant le week-end, appeler le 06 31 43 67 98.   →   ....

4. Pour téléphoner à l'étranger, appeler la réception de l'hôtel.   →   ....

5. Pour s'inscrire à l'excursion, contacter Martine.   →   ....

6. Pour changer de chaîne, utiliser la télécommande.   →   ....

7. Pour visiter l'île, vous pouvez louer un vélo.   →   ....

8. Pour assister au spectacle, s'inscrire avant midi.   →   ....

•Dans ce cas...

**Écoutez et imaginez
des solutions aux problèmes posés.**

Dialogue témoin

– Ça y est, on attend un enfant !

– Ah, bon ! Et c'est pour quand ?

– Pour le mois de décembre !

– Vous savez déjà si c'est une fille ou un garçon ?

– Non, pas encore. Si c'est une fille, on l'appellera Juliette et si c'est un garçon, on l'appellera Julien.

– Et si vous avez des jumeaux ?

– Dans ce cas…

Grammaire / communication :
évoquer une éventualité sans utiliser si

• **En cas de + nom :**

En cas d'absence, laisser un message.

Équivalent avec si : Si je suis absent, laissez un message.

• **Au cas où / dans le cas où + phrase au conditionnel :**

Je te donne le code pour entrer au cas où la porte de l'immeuble serait fermée : c'est 2378B.

Équivalent avec si : Si la porte est fermée, le code d'entrée, c'est 2378B.

• **Dans ce cas :**

Il y aura peut-être des embouteillages, dans ce cas, j'arriverai en début d'après midi.

Équivalent avec si : S'il y a des embouteillages, j'arriverai en début d'après-midi.

S'il y a une alternative, vous pouvez utiliser sinon :

J'essaierai d'être là vers onze heures. Sinon, commencez sans moi.

Équivalent avec si : Si je ne suis pas là à 11 heures, commencez sans moi.

Expliquer et formuler des hypothèses

•De bons conseils

ÉCRIRE

Rédigez des conseils pour dire ce qu'il faut faire ou ne pas faire dans les cas suivants.

a

b

En cas d'orage, ne jamais s'abriter sous un arbre, surtout s'il est isolé ! N'utilisez pas d'objets métalliques.

c

d

e

f

•Exercice : formuler une hypothèse

Reformulez chaque phrase en utilisant l'expression proposée.

1. En cas de difficultés, appelez le 0 506 707 030. → Si ....

2. Si le voyant rouge clignote, débranchez immédiatement l'appareil. → Au cas où ....

3. Si vous êtes absent, prévenez par téléphone ou par fax. → En cas de ....

4. En cas d'accident, contactez votre assurance au 01 54 36 36 36. → Si ....

5. Si vous perdez ou si vous vous faites voler votre passeport, contactez immédiatement votre consulat. → En cas de ....

6. Évitez de prendre la mer s'il y a des vents violents. → En cas de ....

• Intentions

**Écoutez la première série d'enregistrements
et identifiez l'intention de communication correspondante.**

Dialogue témoin

Si vous ne faites pas le silence immédiatement, j'appelle le directeur !

Reformulez :

– le dialogue témoin sous forme de promesse ;

– l'enregistrement 1 sous forme d'avertissement ;

– l'enregistrement 2 sous forme de menace ;

– l'enregistrement 3 sous forme d'ordre ;

– l'enregistrement 4 sous forme d'invitation ;

– l'enregistrement 5 sous forme de conseil ;

puis comparez vos productions à la deuxième série d'enregistrements.

Quelques significations de constructions avec *si*

Avec *si*, vous pouvez exprimer…

– **une menace :**

Si vous continuez, je vais me fâcher !

– **un avertissement :**

Si on ne se dépêche pas, on va être en retard.

– **une promesse :**

Si tu es bien sage, tu auras droit à un cadeau.

– **une demande :**

Si j'ai fini avant l'heure, je pourrai partir ?

– **une invitation :**

Si vous êtes libre ce soir, je vous invite au restaurant.

– **une proposition :**

Si vous avez un problème, je peux vous aider.

– **un conseil :**

Si tu es pressé, prends l'avion.

– **une consigne :**

Si l'alarme sonne, quitter la salle calmement.

– **un ordre :**

Si vous n'êtes pas content, sortez !

– **une décision :**

Si je gagne au loto, j'achète une maison à la campagne.

Expliquer et formuler des hypothèses

• C'est la règle

Observez le tableau et complétez les phrases.

Grammaire / communication : l'accord du participe passé avec avoir et être

question n° 1

Le participe passé est-il employé avec un auxiliaire de conjugaison avoir ou être ? ⟶ **non** ⟶ Le participe passé s'accorde avec le nom.

*Il y a une lettre **adressée** à Gabriel Leroy.*

↓ **oui**

question n° 2

Avec quel auxiliaire ? ⟶ **1ᵉʳ cas** : Il est employé avec être.

Le participe passé s'accorde avec le sujet du verbe.

*Nos amis irlandais **sont arrivés** hier soir.*

2ᵉ cas : Il est employé avec avoir.

↓

question n° 3

A-t-il un complément direct ? ⟶ **non** ⟶ Le participe passé reste invariable. (Il ne s'accorde pas.)

*La semaine dernière, nous n'**avons** pas **travaillé**.*

↓ **oui**

Le complément direct est placé **avant le verbe**
Le participe passé s'accorde avec le complément direct.
*J'ai rencontré Pierre et Marie. Je **les ai invités** à dîner.*

Le complément direct est placé **après le verbe**
Le participe passé reste invariable. (Il ne s'accorde pas.)
*Est-ce que tu **as vu** mes clés, s'il te plaît ?*

1. Si le participe passé est employé avec l'auxiliaire être, ……….

2. Si le participe passé est employé avec l'auxiliaire avoir et ………., il s'accorde avec le complément direct.

3. Le participe passé s'accorde avec le sujet du verbe ……….

4. Si le participe passé n'a pas de complément direct, ……….

5. Avec l'auxiliaire avoir, ………., il reste invariable.

6. ………., il s'accorde avec le nom.

• Exercice : le sens des phrases avec si

Dites ce que signifie chaque phrase.

1. Je vous préviens ! Si vous n'êtes pas là à 10 heures, vous pourrez chercher du travail ailleurs !
   ☐ menace   ☐ promesse   ☐ proposition

2. Si vous avez un doute sur l'orthographe d'un mot, consultez le dictionnaire.
   ☐ conseil   ☐ ordre   ☐ proposition

3. Si vous avez quelques minutes à m'accorder, je pourrais vous présenter mon projet.
   ☐ ordre   ☐ hypothèse   ☐ proposition

4. S'il fait beau ce week-end, il y aura beaucoup de monde sur les routes.
   ☐ conseil   ☐ prévision   ☐ demande

5. Si le matériel n'est pas arrivé demain, annulez la commande !
   ☐ ordre   ☐ proposition   ☐ menace

REPRISE / ANTICIPATION

OBJECTIFS

SAVOIR-FAIRE
- reconnaître des sentiments, des attitudes
- donner des conseils
- rapporter une conversation
- retrouver un ordre chronologique

GRAMMAIRE
- le subjonctif
- les pronoms relatifs *qui, que*
- le plus-que-parfait

LEXIQUE
- les sentiments, les attitudes

CULTURES
- le personnel d'une entreprise
- les façons de qualifier les personnes

COMPRENDRE

● C'est un ordre ?

Écoutez et dites quel sentiment est exprimé, puis dites, pour chaque phrase, si le verbe utilisé est au subjonctif ou non.

Dialogue témoin

a) Vous avez fini ce travail ?

b) J'espère que vous aurez fini avant la fin de la semaine.

c) Je veux que vous finissiez ce travail avant midi !

dial. témoin

.... ordre

.... demande

.... souhait

dial. 1

.... ordre

.... demande

.... souhait

dial. 2

.... doute

.... demande

.... souhait

Le subjonctif de quelques verbes irréguliers

être	avoir	pouvoir	aller
que je sois	que j'aie	que je puisse	que j'aille
que tu sois	que tu aies	que tu puisses	que tu ailles
qu'il soit	qu'il ait	qu'il puisse	qu'il aille
que nous soyons	que nous ayons	que nous puissions	que nous allions
que vous soyez	que vous ayez	que vous puissiez	que vous alliez
qu'ils soient	qu'ils aient	qu'ils puissent	qu'ils aillent

dial. 3

.... proposition

.... suggestion

.... ordre

Expliquer et formuler des hypothèses

•Voilà ce qu'il faut faire...

Regardez le document et dites ce qu'il faut qu'il fasse pour devenir un bon élève.

Dialogue témoin

Il faut que tu fasses des efforts,
si tu veux ta guitare électrique
pour ton anniversaire, sinon…

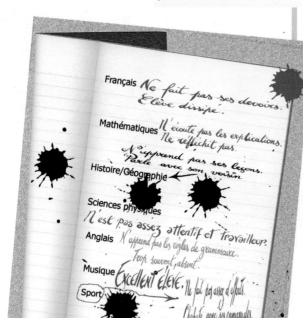

•Exercice : le subjonctif (1)

Écoutez et identifiez le verbe au subjonctif.

1.	a ☐	b ☐	c ☐
2.	a ☐	b ☐	c ☐
3.	a ☐	b ☐	c ☐
4.	a ☐	b ☐	c ☐

•Exercice : le subjonctif (2)

Complétez en utilisant le subjonctif.

1. Le travail doit être terminé d'ici vendredi. → Il faut ……..............
2. Il doit faire des efforts. → Il faut ……..............
3. Le courrier doit partir aujourd'hui même. → Il faut ……..............
4. Est-ce qu'il peut venir me voir ? → J'aimerais …...........
5. Vous pouvez être là à 11 heures ? → Je voudrais ….........
6. Vous devez aller à cette réunion ! → Il faut ……..............
7. Il doit savoir parler français ! → Il faut ……..............
8. J'espère qu'il pourra continuer ses études. → Je souhaite ….........
9. Il ne doit pas boire tout ça ! → Il ne faut pas ……..
10. J'espère que vous aurez du beau temps ! → Je souhaite ….........
11. Vous devez avoir du courage ! → Il faut ……..............
12. Vous devez comprendre ça ! → Il faut ……..............

•Je suis bien sur la photo ?

Écoutez, devinez de qui on parle et expliquez votre choix.

Dialogue témoin

On va voir si tu as le sens de l'observation. Regarde bien la photo et écoute-moi. Tu vas essayer de trouver de qui je parle.

•Exercice : les pronoms relatifs qui et que

Reformulez en utilisant qui ou que.

1. Je connais quelqu'un. Il travaille au journal *Le Monde*. → ....
2. J'ai rencontré quelqu'un. Vous le connaissez très bien. → ....
3. J'ai trouvé une petite annonce. Elle va t'intéresser. → ....
4. J'ai vu un film. Tu dois le voir absolument. → ....
5. Je voudrais vous présenter un ami. Il adore ce que vous faites. → ....
6. C'est un garçon intéressant. Je l'ai rencontré à Madrid. → ....
7. J'ai écrit un article. Il explique comment trouver des voyages pas chers sur Internet. → ....
8. J'ai un frère. Il est pilote à Air France. → ....
9. C'est une ville intéressante. Tu vas beaucoup l'aimer. → ....
10. On m'a offert un téléphone portable. Il peut faire des photos. → ....

Expliquer et formuler des hypothèses

COMPRENDRE

•Façons de parler...

**Écoutez et choisissez la meilleure façon
de rapporter ce qui a été dit.**

Dialogue témoin

Vous faites le total, vous le multipliez
par 3, non par 4. Par 3 ou par 4.
Vous divisez le total par la différence.

	dial. témoin / enr.
C'est un poète…	……..
C'est un vrai macho, ton cousin.	……..
Il a répété plusieurs fois la même chose.	……..
Il m'a draguée.	……..
Il m'a parlé de la pluie et du beau temps.	……..
Il m'a raconté sa vie.	……..
Il n'était pas content.	……..
Il n'a pas répondu à mes questions.	……..
Il n'était pas clair.	……..
Il raconte n'importe quoi.	……..
Il s'est mis à crier.	……..
Je lui ai parlé de choses importantes mais ça ne l'intéressait pas.	……..
Je n'ai rien compris à ce qu'il m'a dit.	……..

Rapporter une conversation

Lorsque vous rapportez une conversation que vous avez eue
avec quelqu'un, vous pouvez mettre l'accent sur :

• **l'attitude de votre interlocuteur**

Il m'a semblé très ouvert.

Il m'a confié ses inquiétudes sur l'avenir de l'entreprise.

• **la façon dont il a parlé**

Il était hésitant, il cherchait ses mots…

• **la manière dont il a organisé son discours**

Il m'a fait un exposé précis de la situation.

• **la nature de son discours**

Il nous a décrit sa nouvelle maison.

• **la façon dont il a réagi**

Il a écouté mes explications sans dire un mot.

• **la façon dont il a manifesté ses émotions**

Il était très ému. Il avait les larmes aux yeux.

● Une soirée ratée

Écoutez et remettez les images dans le bon ordre chronologique puis imaginez la suite.

a

b

c

d

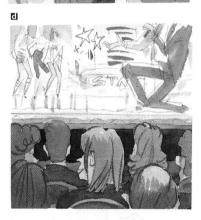

e

f

g

h

i

	image
l'avant-veille	....
la veille	....
le matin	....
chez elle	....
au bureau	....
à 9 h	....
à 9 h 30	....
au cinéma	....
devant le bar	....

Le plus-que-parfait

Construction : imparfait d'être ou d'avoir + participe passé.

j'avais terminé	j'étais sorti(e)
tu avais terminé	tu étais sorti(e)
il / elle avait terminé	il était sorti / elle était sortie
nous avions terminé	nous étions sorti(e)s
vous aviez terminé	vous étiez sorti(e)(s)
ils / elles avaient terminé	ils étaient sortis / elles étaient sorties

Expliquer et formuler des hypothèses

•Tranches de vie

Écoutez et dites, pour chaque dialogue, dans quel ordre se sont déroulés les faits évoqués.

Dialogue témoin

Moi, c'est Marc. Je suis de retour à Lyon, la ville où j'ai fait mes études, de 78 à 83. Après, je suis parti à l'étranger au Pérou où je suis resté quatre ans, puis au Venezuela pour cinq ans. C'est là que j'ai rencontré une fille que je connaissais, Maria. Je l'avais connue à la fac, à Lyon. C'était sa première année de médecine, moi, j'étais en dernière année. À la fin de ses études, elle était rentrée au Venezuela. Nous nous sommes mariés juste avant mon départ. Elle doit me rejoindre à Lyon dans un mois.

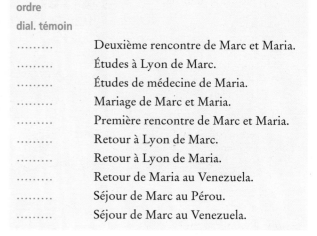

ordre
dial. témoin

....	Deuxième rencontre de Marc et Maria.
....	Études à Lyon de Marc.
....	Études de médecine de Maria.
....	Mariage de Marc et Maria.
....	Première rencontre de Marc et Maria.
....	Retour à Lyon de Marc.
....	Retour à Lyon de Maria.
....	Retour de Maria au Venezuela.
....	Séjour de Marc au Pérou.
....	Séjour de Marc au Venezuela.

ordre
dial. 2

....	Chercher du travail.
....	Être née à Lille
....	Le suivre.
....	Partir à Toulouse.
....	S'installer à Lille.
....	Se rencontrer.

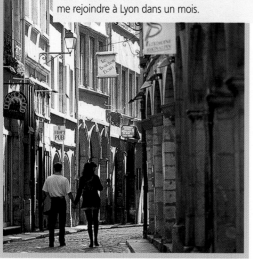

Le plus-que-parfait : à quoi ça sert ?

Le plus-que-parfait sert à indiquer qu'un événement s'est déroulé avant un autre événement :

Quand je suis rentré, ils avaient fini les travaux.

Il était sorti, mais il avait laissé un mot sur la porte.

Très souvent le second événement n'est pas mentionné et le plus-que-parfait est utilisé seul :

Excuse-moi, je ne t'avais pas reconnu !

(Sous-entendu : quand je t'ai croisé.)

Tu ne m'avais pas dit que c'était urgent !

(Sous-entendu : avant le moment présent.)

Le plus-que-parfait peut exprimer :

• un reproche

Je vous avais dit de vous dépêcher !

• une excuse

Oh, pardon ! Je ne vous avais pas vu !

• une explication

Je n'avais pas vu le cycliste !

•Exercice : le plus-que-parfait

Écoutez et dites si c'est le plus-que-parfait ou un autre temps que vous avez entendu.

	plus-que-parfait	autre temps
1.	☐	☐
2.	☐	☐
3.	☐	☐
4.	☐	☐
5.	☐	☐
6.	☐	☐
7.	☐	☐
8.	☐	☐
9.	☐	☐
10.	☐	☐
11.	☐	☐
12.	☐	☐

HYPOTHÈSES

OBJECTIFS

SAVOIR-FAIRE
- formuler des hypothèses, des éventualités
- identifier des intentions de communication

GRAMMAIRE
- l'hypothèse par rapport au présent, au futur, au passé
- le conditionnel passé
- constructions avec *si* + plus-que-parfait + conditionnel passé

CULTURES
- chansons françaises

• Si l'on chantait...

Écoutez les extraits de chansons et choisissez le bon texte.

Chanson témoin

Si j'avais un marteau
Je cognerais le jour
Je cognerais la nuit
J'y mettrais tout mon cœur
Je bâtirais une ferme
Une grange et une barrière
Et j'y mettrais mon père
Ma mère, mes frères et mes sœurs
Oh, oh, ce serait le bonheur...

Julien Clerc

☐ Si j'étais elle
☐ Si j'étais lui
☐ Si j'étais beau
Je saurais dire tant de ces choses
Tant de ces mots qu'elle ne dit pas
De sa voix douce à en frémir
☐ Si j'étais grand
☐ Si j'étais elle
☐ Si j'étais beau
Je ne voudrais pas de tous ces songes
De tous ces drôles de mensonges
Qu'elle s'invente pour s'enfuir

Si j'étais garçon
Au lieu d'être fille
☐ Je ferais la vaisselle
Et serais dans la cuisine
☐ Je pourrais danser
Et puis rentrer tard à la maison
☐ J'irais au bout du monde
À travers les mers et les océans

Céline Dion

France Gall

Dalida

Si j'avais des millions
Tchiribiribiribiribiribiriboum
Tout le jour à Bidibidiboum
Ah ! si j'étais cousu d'or
☐ Je travaillerais moins fort
☐ Est-ce que tu m'aimerais encore ?
☐ J'irais là-bas à Oulambator
Tchiribiribiribiribiribiriboum
Si j'avais quelques mini-millions
Tchiribiribiribiriboum

S'il suffisait qu'on s'aime, s'il suffisait d'aimer
Si l'on changeait les choses un peu, rien qu'en aimant donner
S'il suffisait qu'on s'aime, s'il suffisait d'aimer
☐ Ce serait mon idéal, ce serait ma vérité
☐ Il n'y aurait plus de guerre, ce serait toujours l'été
☐ Je ferais de ce monde un rêve, une éternité

Expliquer et formuler des hypothèses

•Avec des si...

COMPRENDRE

Dialogue témoin

– Si je n'étais pas milliardaire, je ne possèderais pas un yacht et deux villas sur la côte d'Azur et ma femme ne roulerait pas en Porsche.

– Si j'avais beaucoup d'argent, je changerais de voiture, j'achèterais une Cadillac ou une Porsche...

Écoutez et dites si la personne qui parle...

dial. témoin / enr.

- est riche. ....
  n'est pas riche. ....
- est française. ....
  n'est pas française. ....
- parle français. ....
  ne parle pas très bien français. ....
- est en vacances. ....
  n'est pas en vacances. ....
- est libraire. ....
  n'est pas libraire. ....

Formuler une hypothèse

L'hypothèse concerne le présent	**L'hypothèse concerne le futur**
• Si + présent ou passé composé :	• Si + présent + présent ou futur :
Si vous **êtes** prêts, nous pouvons commencer.	Si tu **es** libre ce soir, je t'**invite** au restaurant.
Si vous **avez terminé**, vous pouvez sortir.	Dimanche, si le Sofitel **est** complet, j'**irai** à l'hôtel du Nord, quai des Brumes.
Il s'agit là d'une éventualité, d'une possibilité.	
• Si + imparfait + conditionnel présent :	• Si + imparfait + conditionnel présent :
Si j'**avais** moins de travail, je **partirais** en vacances.	Si tu **avais** quelques jours de congé à Pâques, on **pourrait** visiter Venise.
Ce qui signifie :	
J'ai beaucoup de travail, donc je ne pars pas en vacances.	Il s'agit là d'une éventualité, d'une proposition, d'une décision.
Il s'agit là d'une supposition, d'un constat.	

L'hypothèse concerne le passé

• Si + plus-que-parfait + conditionnel présent :	• Si + plus-que-parfait + conditionnel passé :
Si je n'**avais** pas freiné, je **serais** à l'hôpital.	Si j'**avais écouté** ses conseils, j'**aurais envoyé** une candidature.
Ce qui signifie :	Ce qui signifie :
J'ai freiné, donc je ne suis pas à l'hôpital.	Je n'ai pas écouté ses conseils, donc, je n'ai pas envoyé de candidature.
Il s'agit là d'un fait qui ne s'est pas réalisé.	Il s'agit là d'un regret, d'un constat, d'un reproche.

Exercice : l'hypothèse

Dites si l'hypothèse formulée concerne le présent, le passé ou le futur.

	présent	passé	futur
1. Si vous avez des questions, levez la main !	☐	☐	☐
2. Si j'avais le temps, j'écrirais un roman.	☐	☐	☐
3. Si tu avais envie de sortir ce soir, on pourrait aller danser au Bambou Bar.	☐	☐	☐
4. Si j'avais su, je ne serais pas venu !	☐	☐	☐
5. Si tu pouvais passer à mon bureau mardi, ce serait gentil de ta part.	☐	☐	☐
6. Si je n'étais pas tombée en panne d'essence sur l'autoroute, je n'aurais jamais rencontré l'homme de ma vie, Luis. Il est garagiste.	☐	☐	☐
7. Désolé, mais si j'avais eu le temps, je serais passé vous voir.	☐	☐	☐
8. Dimanche, s'il fait beau, je tonds la pelouse !	☐	☐	☐

LIRE PARLER

Test : votre style d'apprentissage

1. Répondez au questionnaire.

2. Comptabilisez vos réponses.

3. Consultez l'analyse des résultats.

4. Dites si vos résultats correspondent à votre personnalité.

1. Si vous étiez professeur, préféreriez-vous être...

A professeur de mathématiques.

B professeur d'histoire.

2. Si vous deviez passer toute une journée en tête-à-tête avec quelqu'un, préféreriez-vous qu'il soit...

A concret, réaliste.   B imaginatif, inventif.

3. Si vous deviez passer quinze jours sur une île déserte, quel livre emporteriez-vous ?

A *Une brève histoire du temps* de Stephen Hawking qui explique la théorie du big bang.

B *Victor Hugo* de Max Gallo qui raconte la vie et l'œuvre du grand écrivain.

4. Vos meilleur(e)s ami(e)s sont plutôt...

A traditionnel(le)s.   B anticonformistes.

5. Si vous pouviez revivre la vie d'un de ces personnages, lequel choisiriez-vous ?

A Christophe Colomb.   B Albert Einstein.

6. Qu'est-ce qui vous intéresse le plus dans l'apprentissage du français ?

A La possibilité de communiquer avec les autres.

B La grammaire.

7. Si vous étiez en France, que visiteriez-vous en priorité ?

A Le musée du Louvre.

B Le Futuroscope de Poitiers.

8. Si on vous donnait un objet mystérieux,

A vous le toucheriez, l'observeriez.

B vous essaieriez de l'ouvrir.

9. Pour vous, une voiture c'est...

A un moyen de transport confortable qui coûte cher et qui est dangereux.

B un moyen de transport qui a bouleversé la vie quotidienne et qui est un danger pour l'équilibre écologique de la planète.

10. Pour utiliser un nouvel appareil...

A vous faites fonctionner l'appareil et vous regardez le mode d'emploi en cas de problème.

B vous lisez soigneusement le mode d'emploi puis vous faites fonctionner l'appareil.

Parmi chaque couple de mots, choisissez celui qui vous préférez

11.	12.	13.	14.	15.	16.
A idées	A imaginatif	A organisé	A plan	A accidenté	A connu
B faits	B objectif	B spontané	B découverte	B régulier	B inconnu

Pour chaque question, cochez la réponse (A ou B) que vous avez faite.

1.	2.	3.	4.	5.	6.	7.	8.	9.	10.	11.	12.	13.	14.	15.	16.
B	A	B	A	A	B	A	A	A	B	B	B	A	A	B	A
A	B	A	B	B	A	B	B	B	A	A	A	B	B	A	B

Analyse des résultats

• **Si vous avez coché plus de lettres dans la ligne bleue, ce qui l'emporte chez vous, c'est le sentiment.** Vous préférez sentir, vous aimez les sujets qui ont un rapport avec des choses que vous pouvez voir, entendre, toucher et expérimenter avec vos cinq sens. Vous avez tendance à rester concentré(e) dans le présent. Vous pourriez être plus intéressé(e) par ce qui arrive en réalité plutôt que par ce qui pourrait arriver. Vous apprenez des faits et suivez les procédures point par point. Vous travaillez d'une façon soutenue. La routine ne vous dérange pas. Vous appréciez les enseignants qui sont organisés. Vous êtes une personne qui lit les manuels ou les directions sur des cartes.

• **Si vous avez coché plus dans la ligne rose, ce qui l'emporte chez vous, c'est l'intuition.** Vous aimez les sujets qui vous permettent de créer des théories. Les nouvelles idées et les hypothèses vous fascinent. La routine vous ennuie. Vous êtes orienté(e) vers l'avenir. Vous aimez la créativité et l'originalité et ça ne vous pose pas de problème si les enseignants s'éloignent de leurs sujets quand ils donnent leurs cours. Vous prenez l'information ou les images de façon globale.

Expliquer et formuler des hypothèses

•Le patron est malade

Écoutez les enregistrements, identifiez le texte qui correspond à chaque enregistrement
puis dites si c'est un reproche, un regret, un remerciement ou le soulagement qui est exprimé.

Dialogue témoin

Si ma femme n'avait pas insisté pour aller passer le week-end à Courchevel, je ne serais pas au lit avec une bronchite et 40 de fièvre !

	dial. témoin	1.	2.	3.	4.
reproche	☐	☐	☐	☐	☐
regret	☐	☐	☐	☐	☐
remerciement	☐	☐	☐	☐	☐
soulagement	☐	☐	☐	☐	☐

L'assemblée générale de Leroy Technologies est annulée. Elle aura lieu à une date ultérieure.

Nous nous excusons auprès de ceux que nous n'avons pas pu joindre pour les prévenir.

D

M. Leroy sera absent pendant quelques semaines. Pendant son absence, j'assurerai la direction de l'entreprise.

Pierre Lambert

Bonjour, les enfants !

Isabelle et moi nous serons absents ce week-end. Nous allons passer quelques jours dans les Alpes. L'air pur va nous faire du bien. Je vous appelle mardi soir après ma réunion à Bordeaux.

Ordre du jour de la réunion de mardi :

– Discours du directeur, M. Leroy

– Nomination du nouveau sous-directeur

– Réorganisation de la filiale de Bordeaux

– Apéritif concert

– Repas

Antoine, la réunion de mardi à Bordeaux est annulée. Robert est au lit avec une grosse bronchite.

Le conditionnel passé

Pour construire le conditionnel passé, le principe est le même que pour le passé composé et le plus-que-parfait :

passé composé : présent de être ou avoir + participe passé.

plus-que-parfait : imparfait de être ou avoir + participe passé.

conditionnel passé : conditionnel présent de être ou avoir + participe passé.

je serais **parti(e)**	j'aurais **fini**
tu serais **parti(e)**	tu aurais **fini**
il / elle serait **parti(e)**	il / elle aurait **fini**
nous serions **parti(e)s**	nous aurions **fini**
vous seriez **parti(e)(s)**	vous auriez **fini**
ils / elles seraient **parti(e)s**	ils / elles auraient **fini**

Exercice : si + plus-que-parfait + conditionnel passé

Complétez en mettant les verbes entre parenthèse au plus-que-parfait ou au conditionnel passé.

1. Si tu …….. prudemment, tu n'…….. pas …….. d'accident. (*conduire*) (*provoquer*)

2. Si vous …….. votre problème, on …….. une solution. (*expliquer*) (*trouver*)

3. Je t'…….., si tu m'…….. (*aider*) (*demander*)

4. Si on …….. le train, on …….. plus vite. (*prendre*) (*arriver*)

5. Si tu …….. un peu plus, tu …….. ton concours. (*travailler*) (*réussir*)

6. Si vous m'…….., j'…….. un cadeau. (*prévenir*) (*apporter*)

7. Si tu t'…….. plus tôt, tu ne …….. pas en retard à ton rendez-vous. (*lever*) (*arriver*)

8. Si j'…….., je …….. à la maison. (*savoir*) (*rester*)

• Ah, si je pouvais...

Quelle est la profession de chacun ? Quelle profession auraient-ils voulu exercer ?

Et vous ? Quel métier voudriez-vous exercer ou auriez-vous voulu exercer ?

b ....

a ....

Dialogue témoin

– Si j'avais pu choisir mon métier, j'aurais voulu être cosmonaute.

– Quel est votre métier, actuellement ?

– Je suis astronome, à l'observatoire de Meudon. Mon travail, c'est l'espace, mais vu d'en bas !

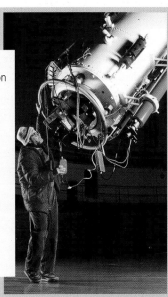

c ....

d ....

e ....

f ....

Grammaire / communication : si + plus-que-parfait + conditionnel passé

Cette construction permet de formuler :

• une hypothèse

Si le nez de Cléopâtre **avait été** plus court, la face du monde **aurait été** changée. (D'après Pascal)

• un regret

Si j'**avais pris** l'avion, je n'**aurais** pas **eu** cet accident.

• un reproche

Si tu **avais** bien **fermé** la maison, les voleurs ne **seraient** pas entrés !

• un remerciement

Si tu ne m'**avais** pas **prêté** ta voiture, je n'**aurais** pas **pu** aller chez Léon.

• une excuse

S'il n'y **avait** pas **eu** une grève du métro, je **serais arrivé** à l'heure.

• un soulagement

Si j'**avais répondu** *oui* au lieu de *non* à la dernière question, j'**aurais été éliminé** pour la finale.

Expliquer et formuler des hypothèses

• Ça nous vient du passé...

Savez-vous pourquoi on dit... et comment dit-on chez vous ?

C
U
L
T
U
R
E
S

■ Lune de miel ?

Apparue au XIXe siècle, cette expression est calquée sur l'anglais *honeymoon*. Mais la célébration de la lune de miel remonte à une tribu germanique du Jutland (Danemark) au IIe siècle avant J.-C. Durant le mois lunaire suivant leur union, les mariés buvaient chaque jour un verre d'hydromel (boisson fermentée au miel). Cette période fut donc baptisée *lune de miel*.

■ T'es pas cap !

Tu n'auras pas le courage, tu n'oseras pas. Abréviation de *capable*, cette expression appartient surtout au langage des écoliers.

■ Vingt-deux et non douze ou vingt-cinq ?

L'origine de l'expression *vingt-deux, voilà les flics !* pour *attention, voici la police !* est incroyable ! Les premiers typographes avaient, dit-on, pris l'habitude de prévenir leurs collègues de l'arrivée du chef d'atelier par un signal codé qu'il ne pouvait pas comprendre. Si *vingt-deux* correspond à *chef*, c'est que ce mot est composé d'un *c* (troisième lettre de l'alphabet), d'un *h* (huitième), d'un *e* (cinquième) et d'un *f* (sixième) : 3 + 8 + 5 + 6 = 22 !

■ Faire les 400 coups et pas les 250...

Faire les quatre cents coups se dit depuis 1622, date à laquelle, au siège de Montauban, Louis XIII avait fait tirer quatre cents coups de canon afin de montrer aux assiégés sa force. Aujourd'hui, on dit qu'on fait les quatre cents coups quand on fait beaucoup de bêtises.

Grand Prix de la MISE en SCENE FESTIVAL CANNES
Grand Prix de l'O.C.I.C. FESTIVAL CANNES

LES QUATRE CENTS COUPS ...**JEAN-PIERRE LÉAUD** DYALISCOPE
et CLAIRE MAURIER · ALBERT REMY · GUY DÉCOMBLE · GEORGES FLAMENT · PATRICK AUFFAY
un film de **FRANÇOIS TRUFFAUT** *dialogues de Marcel* **MOUSSY**

■ Se mettre sur son trente et un et non sur son vingt et un ou son quarante et un ?

Les avis sont partagés, mais la solution se trouve dans la déformation en *trente et un* du mot *trentin* qui désignait autrefois une étoffe de qualité supérieure. Mettre son trentain devait être réservé aux grandes occasions. On s'habillait donc bien ce jour-là.

Pendre la crémaillère

Le premier acte des jeunes mariés qui emménageaient était de suspendre la *crémaillère* dans la cheminée pour y accrocher la marmite au-dessus du feu.

À cette occasion, on invitait les amis à aider à emménager et à partager le premier repas.

Aujourd'hui, ce geste est le plus souvent symbolique mais la coutume est restée.

Une réponse de Normand

P'têt ben qu'oui, p'têt ben qu'non…

On a toujours considéré les Normands comme des gens rusés, qui hésitent à se décider pour un parti ou pour l'autre, et qui font toujours des réponses peu claires. Alors, cette réputation, méritée ou non ? P'têt ben qu'oui, p'têt ben qu'non…

Faire la grasse matinée

Gros et *gras* s'emploient souvent l'un pour l'autre. Pourtant, ces deux adjectifs sont issus de mots latins différents : de *grossus*, même sens, et de *crassus*, épais. Une *grasse matinée* est donc tout simplement une grosse matinée que l'on passe au lit à dormir et non une matinée passée au lit à faire du gras !

Prendre la clé des champs

Les champs ne sont pas fermés à clé. Cette clé est toute symbolique, c'est celle qui permet de s'évader vers les champs, vers l'espace libre. L'expression date du Moyen Âge, où l'on disait aussi *donner les champs pour rendre la liberté*.

Mon œil !

Mon œil ! est l'abréviation de l'expression apparue sous le Second Empire : *Regarde de quelle couleur est mon œil.*

Elle était employée pour inviter son interlocuteur à vous regarder fixement pendant qu'on lui jouait un tour ou une farce.

Mais l'interlocuteur, sentant qu'on lui jouait un tour, disait à son tour : *Regarde la nuance de mon œil* pour montrer qu'il ne croyait pas l'autre.

L'expression est restée pour montrer qu'on ne croit pas à ce que l'autre dit.

• Compréhension écrite

Lisez le texte puis répondez aux questions.

http://www.votre-forum-de-discussion.fr

Ce forum est le vôtre. Donnez votre avis sur le problème posé aujourd'hui.
Votre-forum-de-discussion vous propose une nouvelle question chaque semaine.

Faut-il interdire la conduite automobile aux personnes âgées ?

Pierre : Il faudrait d'abord définir à partir de quel âge on dit d'une personne qu'elle est âgée. Il y a de grandes différences entre les gens.

Laurent : Le problème des personnes âgées, c'est qu'elles ne connaissent pas les nouveaux règlements. Elles ont passé leur permis de conduire il y a 50 ou 60 ans... Le code de la route a beaucoup évolué depuis, mais les vieux continuent à conduire comme au siècle dernier, c'est dangereux.

Fabienne : Les personnes âgées sont dangereuses sur la route, pour elles-mêmes et surtout pour les autres, car on ne peut pas prévoir leurs réactions.

Maurad : Les vieux sont beaucoup plus respectueux au volant que les jeunes. Je ne vois pas pourquoi il faudrait leur enlever ce plaisir.

Jacques : Pourquoi toujours interdire ? Il suffirait de faire des contrôles. Contrôle de la vue, de l'audition, des réflexes. Et donner, régulièrement, des informations sur les nouveaux panneaux et les nouvelles lois.

Sido : Si on interdit aux vieux de conduire, ils vont perdre le peu d'autonomie qu'il leur reste et devenir complètement dépendants. Ce n'est pas une bonne solution.

Laurence : Je suis pour ! Ça se fait déjà dans certains pays. Mais à condition qu'on leur propose un service de chauffeurs, qui puissent les emmener où elles ont envie d'aller. Elles pourraient réserver par téléphone, par exemple. Et ça serait remboursé à 50 % par l'État, dans le cadre de la prise en charge des personnes âgées. Voilà une bonne idée pour les chômeurs !

Fabrice : Il n'y a pas qu'aux personnes âgées qu'il faudrait interdire de conduire. Il y a des fous du volant et de la vitesse à qui il faudrait carrément retirer le permis.

Jojo : Tout le monde devrait repasser son permis et son code tous les cinq ou dix ans. Les vieux comme les autres. Ça éviterait bien des accidents.

Trang : Dans mon pays, on ne peut plus conduire après 80 ans. C'est la loi et personne ne se pose de questions, c'est comme ça et c'est bien. C'est ce qu'on devrait faire partout.

Brad : Vous vous posez de drôles de questions, vous les Français ! J'attends la question de la semaine prochaine, parce que là, vraiment, je n'ai aucune idée.

Kiki : L'âge n'a rien à voir. Ce qu'il faut, ce sont des contrôles réguliers, pour les jeunes comme pour les vieux.

1. Qui est pour l'interdiction de la conduite automobile aux personnes âgées ? Qui est contre ? Répondez en mettant une croix dans la case correspondante. Si on ne peut pas connaître l'opinion de la personne, mettez une croix dans la case ?.

	pour	contre	?		pour	contre	?
Pierre	☐	☐	☐	Laurence	☐	☐	☐
Laurent	☐	☐	☐	Fabrice	☐	☐	☐
Fabienne	☐	☐	☐	Jojo	☐	☐	☐
Maurad	☐	☐	☐	Trang	☐	☐	☐
Jacques	☐	☐	☐	Brad	☐	☐	☐
Sido	☐	☐	☐	Kiki	☐	☐	☐

2. Lisez les opinions suivantes et dites de qui il s'agit en écrivant le(s) prénom(s) correspondant(s). Le même prénom peut être utilisé plusieurs fois.

Il ou elle...

prénoms

pense qu'il faut contrôler régulièrement la façon de conduire des gens
et leur connaissance du code de la route. ....

explique comment ça se passe dans son pays. ....

donne son opinion et propose une solution concrète. ....

ne s'intéresse pas au problème. ....

n'a pas d'opinion. ....

envisage les conséquences de cette interdiction. ....

3. Cochez la case qui correspond à la définition des expressions suivantes.

- Être respectueux, c'est...
  - ☐ se moquer des autres.
  - ☐ faire attention aux autres.
  - ☐ être dangereux pour les autres.
- Perdre son autonomie, c'est...
  - ☐ devenir indépendant.
  - ☐ gagner sa liberté.
  - ☐ dépendre des autres.

- Un fou du volant, c'est...
  - ☐ un aviateur.
  - ☐ un as de la conduite.
  - ☐ un mauvais conducteur.
- Une drôle de question, c'est...
  - ☐ une question comique.
  - ☐ une question bizarre.
  - ☐ une question intelligente.

● Expression écrite

Vous aussi, vous écrivez au forum de discussion pour donner votre opinion sur l'interdiction de la conduite automobile aux personnes âgées. Développez vos arguments en 120 mots maximum.

● Expression orale

Choisissez un des sujets suivants. Préparez vos arguments pendant 15 minutes puis présentez votre opinion personnelle argumentée à votre examinateur avant de répondre à ses questions.

1. Vous avez besoin d'un conseil. À qui vous adressez-vous ? un(e) parent(e) ? un(e) ami(e) ? Expliquez pourquoi.
2. Pensez-vous qu'aujourd'hui, il est indispensable de parler au moins deux langues étrangères ? Dites pourquoi.
3. En France, on valorise énormément les diplômes. Y a-t-il d'autres moyens de prouver ses compétences ? Qu'en pensez-vous ?
4. Quelles sont les qualités que vous appréciez le plus chez les gens ? Et les défauts que vous aimez le moins ? Expliquez pourquoi.
5. Quelles sont les valeurs que vous souhaitez défendre tout au long de votre vie et transmettre à vos enfants ? Expliquez pourquoi.

Expliquer et formuler des hypothèses

EXERCICES COMPLÉMENTAIRES

1. Cause, conséquence

Retrouvez la deuxième partie de la phrase.

1. Le magasin est transféré au 101, rue de Seine
2. Il a évité l'accident
3. Le réseau Internet est perturbé
4. La chute d'arbres sur les lignes électriques
5. Il n'est pas venu
6. Une rupture des canalisations de gaz
7. Le déraillement du train
8. C'est le directeur qui

a. est à l'origine des pannes.
b. est dû à une erreur humaine.
c. parce qu'il avait du travail.
d. est responsable de cette décision.
e. en raison de travaux de rénovation.
f. grâce à son calme.
g. à la suite de problèmes techniques.
h. est à l'origine des fuites.

2. Cause, conséquence

Reliez les faits dans chaque phrase avec une des expressions proposées.

1. Il arrivera en retard …….. problèmes techniques dans le métro.

   grâce à des   à cause de   parce que des

2. Il a beaucoup grossi …….. sa nourriture n'est pas équilibrée.

   en raison de   parce que   à cause de

3. …….. sécurité, nous vous demandons de rester près de vos bagages.

   En raison de   Pour des raisons de   À cause de

4. Son voilier est arrivé au port à temps …….. vent qui s'est levé.

   à cause du   grâce au   est dû au

5. Cet insecte est …….. nombreuses maladies.

   est dû à de   à cause de   à l'origine de

6. Cet hiver, des centaines d'arbres sont tombés …….. vents violents.

   grâce à des   pour des raisons de   à cause de

3. Cause, conséquence

Reliez les phrases qui ont le même sens.

1. L'accident est dû à la vitesse.
2. Il a pu voyager car il a des amis généreux.
3. Nous avons du retard en raison du mauvais temps.
4. Une erreur d'aiguillage est à l'origine de la catastrophe.
5. Une cigarette mal éteinte a provoqué un début d'incendie.

a. Notre retard est dû au mauvais temps.
b. L'incendie a démarré à cause d'une cigarette mal éteinte.
c. La catastrophe est arrivée à cause d'une erreur d'aiguillage.
d. Il a voyagé grâce à la générosité de ses amis.
e. Il a eu un accident parce qu'il conduisait trop vite.

4. Cause, conséquence

Reliez les deux informations proposées en utilisant une des expressions suivantes et en la modifiant éventuellement : grâce à, en raison de, à cause de, à la suite de, être à l'origine de, être dû à, parce que.

1. Il a gagné la course / le soutien de son équipe.
   → ……………………………………………………

2. Il a raté son rendez-vous / il ne s'est pas réveillé.
   → ……………………………………………………

3. Le train a deux heures de retard / les manifestations sur la voie.
   → ……………………………………………………

4. Le match a été annulé / le mauvais temps.
   → ……………………………………………………

5. Il a eu une amende / un excès de vitesse.
   → ……………………………………………………

6. Le manque d'hygiène / la prolifération des microbes.
   → ……………………………………………………

7. Les progrès scientifiques / cette découverte.
   → ……………………………………………………

8. Les arbres ont été déracinés / des orages violents dans la région.
   → ……………………………………………………

5. Cause, conséquence

Reliez les faits en utilisant l'expression proposée et en faisant les transformations nécessaires.

Exemple : Il a plu. / Les routes sont glissantes. (*à cause de*)
→ Les routes sont glissantes **à cause de la pluie**.

1. Il a beaucoup travaillé. / Il a eu de bons résultats au bac. (*grâce à*)
   → ....

2. Il roulait très vite. / Il a eu un accident. (*être dû à*)
   → ....

3. Il a fait chaud toute la journée. / Elle s'est sentie mal. (*à cause de*)
   → ....

4. L'électricité a été coupée. / Il n'y aura pas d'eau chaude ce soir. (*en raison de*)
   → ....

5. Ils ont arrêté le travail. / Le trafic a été perturbé. (*à la suite de*)
   → ....

6. La neige est tombée toute la nuit. / La route est impraticable. (*à cause de*)
   → ....

6. Cause, conséquence

Voici les conséquences, imaginez les causes.

1. Il a eu mal au ventre toute la nuit.
2. Il est resté chez lui pendant une semaine.
3. Il est devenu sourd d'une oreille.
4. Il a fait le tour du monde.
5. Il n'a pas pris sa voiture pour aller au travail.
6. Toutes les routes sont bloquées.
7. Il n'a pas réussi son examen.
8. Ses chaussures lui faisaient très mal.
9. Ils sont arrivés en retard.
10. Elle s'est cassé les deux bras.

7. Construction avec si

Complétez les phrases en mettant le premier verbe au présent et le second, au futur.

1. Si tu .... prudemment, il ne .... rien t'arriver. (*conduire / pouvoir*)

2. Si vous .... à 8 heures, vous .... avant la nuit. (*partir / arriver*)

3. Si tu .... ta chambre, tu .... sortir. (*ranger / pouvoir*)

4. Si je .... chez les Bernard, je .... à Irène de m'accompagner. (*aller / proposer*)

5. Si vous .... un carton d'invitation, je vous .... à l'accueil. (*avoir / attendre*)

6. Si je .... à parler à Pierre, je te .... au courant. (*réussir / tenir*)

7. Si vous l'........, il .... rassuré. (*aider / être*)

8. Si je n'y .... pas toute seule, je vous .... un coup de main. (*arriver / demander*)

8. Constructions avec si

Reformulez les phrases en utilisant si + vouloir / désirer/ souhaiter / avoir envie de et mettez le second verbe à l'impératif.

Exemple : Pour la plage, prendre le premier chemin à gauche. → Si vous **voulez** aller à la plage, **prenez** le premier chemin à gauche.

1. Pour les réservations par Internet, cliquer sur www.tgv.com.
   → ....

2. Pour le garage, après minuit, appeler le gardien de nuit.
   → ....

3. Pour une route tranquille, suivre l'itinéraire recommandé par Bison Futé.
   → ....

4. Pour les locations de voitures, s'adresser à la réception de l'hôtel.
   → ....

5. Pour les urgences, composer le 0 805 200 200.
   → ....

6. Pour toute l'actualité, heure par heure, se brancher sur France-Info.
   → ....

7. Pour les toilettes, demander les clés au bar.
   → ....

8. Pour plus d'informations, rappeler avant 18 heures.
   → ....

Expliquer et formuler des hypothèses

9. Les significations de si

Écoutez et dites ce que les phrases suivantes expriment.

1. Si tu ne rentres pas avant minuit, tu resteras dehors.
2. Si tu ne gagnes pas assez d'argent, tu ne pourras pas payer ton loyer.
3. Si tu as le temps demain, tu peux m'aider à déménager ?
4. Si tu veux, on pourrait aller au cinéma, demain.
5. Si vous n'avez rien de prévu ce soir, venez à la maison.
6. Si vous n'avez rien à dire, sortez de la salle.
7. Si tu ne sais pas faire l'exercice, parles-en au professeur.
8. Si on gagne à la loterie, je t'offre un superbe voyage.
9. Si vous avez fini l'exercice, commencez le suivant.
10. Si vous avez encore mal, prenez deux cachets.

	1.	2.	3.	4.	5.
promesse	☐	☐	☐	☐	☐
ordre	☐	☐	☐	☐	☐
avertissement	☐	☐	☐	☐	☐
conseil	☐	☐	☐	☐	☐
consigne	☐	☐	☐	☐	☐
menace	☐	☐	☐	☐	☐
demande	☐	☐	☐	☐	☐
invitation	☐	☐	☐	☐	☐
proposition	☐	☐	☐	☐	☐

	6.	7.	8.	9.	10.
promesse	☐	☐	☐	☐	☐
ordre	☐	☐	☐	☐	☐
avertissement	☐	☐	☐	☐	☐
conseil	☐	☐	☐	☐	☐
consigne	☐	☐	☐	☐	☐
menace	☐	☐	☐	☐	☐
demande	☐	☐	☐	☐	☐
invitation	☐	☐	☐	☐	☐
proposition	☐	☐	☐	☐	☐

10. L'hypothèse

Reformulez les hypothèses en utilisant une des expressions suivantes : au cas où, en cas de, si.

1. Si j'ai plus de 10 minutes de retard, appelez chez moi.
   → ....
2. Vous ne voulez pas partir ? Eh bien, moi non plus.
   → ....
3. Si un incendie se déclare dans votre immeuble, composez le 17.
   → ....
4. Si le train a du retard, prévoyez de quoi manger.
   → ....
5. Il te reste des billets pour ce soir ? Tu m'en vends un ?
   → ....
6. S'il y a une urgence, n'hésitez pas à m'appeler.
   → ....
7. S'il n'y a pas de place ce soir, on y va demain !
   → ....
8. Cette offre n'est valable que sur présentation de l'annonce du journal.
   → ....

11. Participe passé

Dites si le pronom (en couleur) est lié à une femme, à un homme ou si on ne peut pas savoir.

	femme	homme	?
1. Je l'ai rencontrée par hasard.	☐	☐	☐
2. Ils m'ont aidée à déménager.	☐	☐	☐
3. Il m'a dit : *Je vous ai compris.*	☐	☐	☐
4. Pierre m'a appelée ce matin ?	☐	☐	☐
5. Et Claude, vous l'avez déjà rencontré ?	☐	☐	☐
6. Ma pauvre amie, il vous a menacée ?	☐	☐	☐
7. Ils vous ont salué ?	☐	☐	☐
8. Je t'avais écrit mais j'ai oublié de poster ma lettre.	☐	☐	☐
9. J'espère que Paul ne vous a pas dérangée ?	☐	☐	☐
10. Tu l'as attendue longtemps ?	☐	☐	☐

12. Participe passé sans auxiliaire

Accordez les participes passés avec les noms auxquels ils sont reliés.

1. Sur l'enveloppe, à l'adresse du destinataire, il y a écrit « …….. sans laisser d'adresse ». (*partir*)
2. C'est le mois d'août, sur toutes les boulangeries, on peut lire : « …….. jusqu'au mois de septembre ». (*fermer*)
3. Regarde l'affiche : « Gentil gros chien, …….. hier soir dans le quartier, répond au nom de Médor », ce n'est pas le chien des voisins ? (*perdre*)
4. « …….., porte-monnaie et carte d'identité, s'adresser au commissariat du quartier de l'Étoile ». (*trouver*)
5. Message texto : « Bien …….., bisous, Marie ». (*arriver*).

13. Subjonctif

Mettez les verbes au subjonctif ou à l'indicatif, selon le cas.

1. Ma mère trouve que nous …….. bien ensemble. (*aller*)
2. Je préfère qu'il ne …….. pas avec nous. (*venir*).
3. Il est certain qu'il …….. bien là où il est. (*être*)
4. Il n'est pas certain qu'il …….. venir dimanche. (*vouloir*)
5. J'espère qu'elle …….. mieux la semaine prochaine. (*aller*).
6. J'aimerais que vous …….. à l'heure demain matin. (*être*)
7. Il veut que tout le monde le …….. (*savoir*)
8. J'attends qu'il m'…….. (*appeler*).
9. Il faudrait qu'il …….. le rencontrer. (*pouvoir*)
10. Il vaut mieux qu'elle ne l'…….. pas. (*apprendre*)

14. Imparfait ou plus-que-parfait

Écoutez et dites si c'est l'imparfait ou le plus-que-parfait que vous avez entendu.

	imparfait	plus-que-parfait
1.	☐	☐
2.	☐	☐
3.	☐	☐
4.	☐	☐
5.	☐	☐

	imparfait	plus-que-parfait
6.	☐	☐
7.	☐	☐
8.	☐	☐
9.	☐	☐
10.	☐	☐

15. La signification du plus-que-parfait

Donnez la signification des plus-que-parfait dans chaque phrase.

1. Si j'avais su, je ne serais pas venu.
   ☐ reproche ☐ regret ☐ excuse
2. Si tu lui avais donné la bonne adresse, il ne se serait pas trompé.
   ☐ regret ☐ explication ☐ reproche
3. Si tu étais arrivé à l'heure, tu aurais entendu le discours.
   ☐ remerciement ☐ reproche ☐ excuse
4. C'est parce que tu as travaillé que tu as été reçu.
   ☐ explication ☐ excuse ☐ regret
5. Vous étiez allés sans réservation à ce concert ?
   ☐ explication ☐ étonnement ☐ excuse
6. Vous l'aviez rencontré avant ?
   ☐ reproche ☐ étonnement ☐ explication

16. L'hypothèse

Dites si l'action qui résulte de l'hypothèse concerne le passé, le présent ou le futur.

	passé	présent	futur
1. Si tu viens, on ira à la plage.	☐	☐	☐
2. Si tu étais venu, nous serions allés à la plage.	☐	☐	☐
3. S'il était sympathique, il aurait plus d'amis.	☐	☐	☐
4. Si tu étais élu député, que ferais-tu ?	☐	☐	☐
5. Si j'avais su, je ne serais pas venu aujourd'hui.	☐	☐	☐
6. Si vous avez trop travaillé, prenez du repos.	☐	☐	☐
7. Si tu réussissais ton examen, tu voudrais quel cadeau ?	☐	☐	☐
8. Si tu venais, on pourrait aller à la plage.	☐	☐	☐

Expliquer et formuler des hypothèses

17. Avec des si...

Choisissez ce que vous feriez si...

Exemple : Si je gagnais le voyage de mes rêves, je ferais le tour du monde en ballon.

- Gagner le voyage de ses rêves.
- Devoir changer de métier.
- Avoir beaucoup de temps libre.
- Être sur une île déserte.
- Être élu président de la République.
- Trouver de l'argent dans la rue.
- Devenir généreux.
- Commencer une psychanalyse.
- Prendre des cours de chant.
- Écrire un livre.
- Apprendre à faire la cuisine.
- Faire le tour du monde en ballon.

18. L'éventualité (1)

Complétez avec le verbe au temps qui convient.

1. Si tu n'arrives pas à l'heure, nous ne .... pas aller à la séance de 18 heures. (*pouvoir*)
2. Si je n'........ hier, c'est que je ne voulais pas lui parler. (*pas appeler*)
3. Si j'étais toi, je l'........ chez elle ce soir. (*appeler*)
4. Si j'........, je ne serais pas venu. (*savoir*)
5. Je .... à ta fête, si tu y tiens vraiment. (*venir*)
6. Si on m'avait prévenu, j'........ assez d'argent. (*prendre*)
7. S'il .... à temps, tout cela ne serait pas arrivé. (*partir*)
8. Je .... moins si j'étais plus riche. (*travailler*)
9. Préviens-nous si ton train .... du retard. (*avoir*)
10. Si tu veux mon avis, tu .... changer de coiffeur. (*devoir*)

19. L'éventualité (2)

Complétez en utilisant le conditionnel présent ou passé.

1. Si tu étais arrivé à temps, nous n'........ pas .... le début du film. (*manquer*)
2. S'il avait insisté, elle .... de l'épouser. (*accepter*)
3. Si je devais passer des vacances de rêve, ce .... avec toi. (*être*)
4. Si j'avais le temps de t'aider, je le .... avec plaisir. (*faire*)
5. Si tu m'avais téléphoné hier, je t'........ une bonne nouvelle. (*apprendre*)
6. Si tu travaillais un peu plus, tu .... un meilleur salaire. (*avoir*)
7. Si tu me le demandais, j'........ jusqu'au bout du monde. (*aller*)
8. Si tu ne me l'avais pas dit, je l'........ par d'autres. (*savoir*)

20. L'éventualité (3)

Écoutez et complétez les phrases.

Exemple : Si vous **étiez arrivés** un peu plus tôt, vous **auriez entendu** son discours.

1. Si tu .... méthodiquement, tu .... (*chercher / trouver*)
2. S'il .... plus adroit, il .... gagner le concours. (*être / pouvoir*)
3. Si vous ...., on vous .... qu'il arrivait toujours en retard. (*demander / dire*)
4. Si j'........ faire ce travail seul, je n'y .... jamais .... (*devoir / arriver*)
5. Ah ! si seulement il .... sa mère, il .... Sandra. (*écouter / épouser*)
6. Si vous lui ...., il .... le plus heureux des hommes. (*téléphoner / être*)
7. Si Lucie .... mes explications, elle n'........ pas .... cette route. (*comprendre / prendre*)
8. S'il ...., il n'........ pas .... d'amende. (*s'excuser / avoir*)

French Stage 3   code 8 DC7CD : Intended Learning Outcome 4

Expression écrite : forum les personnes âgées et la conduite. (Livre Studio 60, niveau 3 p. 34)

Vous aussi vous écrivez au forum de discussion pour donner votre avis sur l'interdiction de la conduite automobile aux personnes âgées. Réagissez aussi aux opinions et propositions des autres internautes. Envisagez ce qui se passera si les personnes âgées n'ont plus le droit de conduire ou si certaines suggestions des internautes sont mises en pratique.

200 mots (+/- 5 %) (Total à indiquer au bas de la feuille) ⇐

<u>Critères</u> : Votre expression écrite devra être compréhensible. Vous devez être capable de pouvoir exprimer votre point de vue et vos sentiments sur le document. Elle devra comprendre au moins 8 verbes conjugués au temps qu'il faut, et au moins 2 usages corrects du subjonctif.

<u>Remarques de présentation :</u>
- indiquez votre nom et prénom en haut à droite
- de préférence, tapez votre devoir à l'ordinateur, interligne 2.
- si votre devoir est manuscrit, écrivez à l'encre noire et sautez des lignes.

PARCOURS →

2

À la fin de ce parcours, l'apprenant sera capable d'identifier les sujets d'une discussion ou d'un texte court, d'en extraire les informations essentielles et de rapporter des intentions ou des points de vue entendus ou lus.

Rapporter
des intentions,
des points de vue

DISCOURS RAPPORTÉ

OBJECTIFS

SAVOIR-FAIRE
- identifier des intentions et des points de vue à l'oral
- rapporter des discours à l'oral

GRAMMAIRE
- la concordance des temps (discours direct, discours indirect)
- la construction des verbes du discours rapporté

LEXIQUE
- les verbes qui permettent de rapporter le discours à l'oral

ÉCRIT
- rédiger un court article

•Pardon ?   DÉCOUVRIR

Écoutez et choisissez la suite qui convient pour chaque dialogue.

COMPRENDRE

• Je n'ai pas tout compris !

Écoutez et dites, pour chaque enregistrement, si l'information donnée est correctement rapportée.

	oui	non
dial. témoin	☐	☐
1.	☐	☐
2.	☐	☐
3.	☐	☐
4.	☐	☐

Dialogue témoin

Demain, nous allons visiter le château de Versailles. Rendez-vous à 9 heures dans le hall de l'hôtel. Soyez à l'heure : le car partira à 9 heures 30 précises. Nous ne pourrons pas attendre les retardataires. Vous aimeriez voir un spectacle de variétés, vendredi soir ?

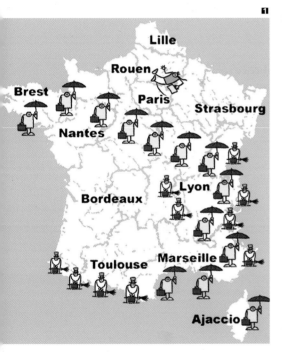

Grammaire / communication : la concordance des temps (discours direct / discours indirect)

Ce qui a été dit

Présent : Le bus part à 9 h 15.

Futur : Il fera froid à Paris.

Futur avec aller : Demain, nous allons visiter le château de Versailles.

Passé composé : J'en ai parlé au directeur.

Conditionnel : Vous aimeriez voir un spectacle de variétés ?

Ce qui a été rapporté

Il a dit que le bus partait à 9 h 15 : imparfait.

Il a dit qu'il ferait froid à Paris : conditionnel.

Il a dit qu'ils allaient visiter le château de Versailles : aller à l'imparfait.

Il a dit qu'il en avait parlé au directeur : plus-que-parfait.

Il a demandé s'ils aimeraient voir un spectacle de variétés : conditionnel.

Rapporter des intentions, des points de vue

43

● Messages en tout genre

Écoutez les messages et transmettez les informations.

Dialogue témoin 1

Pierre, j'ai une réunion jusqu'à 8 heures, 8 heures et demie. Je rentrerai tard. Ne m'attendez pas, mangez sans moi, préviens les enfants.

Dialogue témoin 2

On mange sans maman, elle a laissé un message pour dire qu'elle avait une réunion et qu'elle rentrerait tard.

● Exercice : le discours direct

Retrouvez ce qui a été dit.

Exemples :

Il m'a demandé si j'étais libre ce soir.   → Tu es / Vous êtes libre ce soir ?

Elle a dit qu'elle avait trouvé du travail.   → J'ai trouvé du travail !

1. Il m'a demandé si je venais dîner chez eux samedi.   →   ....
2. Elle a dit que Marcel avait eu un accident hier soir.   →   ....
3. Il a annoncé que sa fille avait réussi son bac.   →   ....
4. Elle a demandé si on pouvait l'aider à déménager dimanche.   →   ....
5. Elle a dit qu'elle allait arriver très tôt demain matin.   →   ....
6. Pierre m'a demandé de m'occuper des plantes et de son chat.   →   ....
7. Il m'a demandé si je pouvais garder ses enfants ce week-end.   →   ....
8. Elle m'a demandé si je voulais aller au théâtre samedi soir.   →   ....
9. Il a dit qu'il allait faire très froid demain.   →   ....
10. Il a dit que ce n'était pas encore l'heure de l'apéritif.   →   ....

● Exercice : le discours indirect

Reformulez la demande en utilisant dire que, demander si.

Exemples : Vous avez passé de bonnes vacances ? → Il m'a demandé si j'avais passé de bonnes vacances.

Mon train a deux heures de retard ! → Il a dit que son train avait deux heures de retard.

1. Tu peux aller chercher Stéphanie à la gare ?   →   ....
2. Vous avez appelé vos parents ?   →   ....
3. Je vais prendre une semaine de vacances !   →   ....
4. Il va faire mauvais, demain.   →   ....
5. Vous avez trouvé du travail ?   →   ....
6. Vous ne pouvez pas entrer, c'est complet !   →   ....
7. Vous allez bien ?   →   ....
8. Je suis allé à Lyon dimanche dernier.   →   ....
9. Tu as téléphoné aux Durand ?   →   ....
10. Tu viens demain soir à la maison ?   →   ....

COMPRENDRE

•Interprétations

Écoutez et trouvez la phrase qui correspond à ce qui a été dit.

Série 1

- Il lui a proposé d'entrer.
- Il l'a obligé à entrer.

- Il lui a interdit d'entrer.
- Il l'a autorisé à entrer.

Série 2

- Elle lui a suggéré de l'aider
- Elle a accepté son aide.

- Elle a refusé son aide.
- Elle leur a demandé de l'aider.

Série 3

- Elle a critiqué son œuvre.
- Elle l'a interrogé sur ses projets d'avenir.

- Elle lui a posé des questions sur ses goûts.
- Elle lui a proposé un emploi.

Grammaire / communication : construction de quelques verbes du discours rapporté

Avec un nom :

Il a accepté / refusé **mon aide.**

Il m'a demandé **mon avis.**

Il nous a raconté **son voyage.**

Il m'a promis **son aide.**

Il a nié **sa culpabilité.**

Il a reconnu **son erreur.**

Avec une préposition + un nom :

Il n'a pas répondu à **mes questions.**

Il m'a interrogé sur **mon passé.**

Il m'a parlé de **ses problèmes financiers.**

Il l'a félicité pour **son succès.**

Avec de + l'infinitif :

Elle a refusé de **sortir.**

Elle m'a suggéré de **faire** une enquête.

Elle lui a demandé d'**expliquer** son projet.

Il m'a promis de lui **parler.**

Il a accepté de **le rencontrer.**

Il a refusé de **le voir.**

Avec à + l'infinitif :

Il m'a autorisé à **le voir.**

Il m'a invité à lui **montrer** mes photos.

Il nous a obligé à **rester** au bureau jusqu'à 8 h.

Il m'a invitée à **danser.**

Il a hésité à **le saluer.**

Rapporter des intentions, des points de vue

•Comme à la radio

**Écoutez et dites quelle(s) phrase(s)
se rapporte(nt) à chaque enregistrement.**

	dial. témoin / enr.
• Il a annoncé une émission sur la littérature.	....
• Il a invité les auditeurs à assister à un concert.	....
•Il a présenté un livre.	....
•Il a félicité une sportive pour son exploit.	....
• Il a présenté les cours de la bourse.	....
• Il a critiqué un film.	....
• Il a annoncé une conférence gratuite.	....
• Il a proposé des conseils d'achats.	....
• Il a critiqué un acteur.	....

Dialogue témoin

Et encore bravo pour votre médaille d'or aux Jeux Olympiques ! La France entière vous félicite ! Voilà, cette émission est terminée. Demain, notre invitée sera la ministre de la Culture.

Dialogue témoin

– Non, je n'accepterai jamais de faire de la publicité !
Je suis une sportive, pas une vendeuse de supermarché !

– ...

•Déclarations

Écoutez les enregistrements et rapportez ce qui a été dit (utilisez les verbes proposés).

• admettre / reconnaître quelque chose
• féliciter quelqu'un pour
• refuser quelque chose ou de faire quelque chose
• refuser et expliquer pourquoi
• renoncer à quelque chose
• nier quelque chose
• hésiter à faire quelque chose
• expliquer pourquoi
• inviter quelqu'un à faire quelque chose
• approuver / désapprouver quelque chose

•Exercice : construction des verbes du discours rapporté

Complétez en choisissant.

1. Je l'ai invité, mais il .... de venir.

    a indiqué   a refusé   a expliqué

2. Il m'........ à dire ce qui s'était passé.

    a demandé   a interrogé   a obligé

3. Je lui .... de l'appeler tous les jours.

    ai autorisé   ai promis   ai répondu

4. Il m'........ pourquoi tu n'étais pas venue.

    a reproché   a prévenu   a demandé

5. Lucie m'........ de tes nouvelles.

    a interrogé   a demandé   a rappelé

6. Les Martin nous .... de passer les voir cet été.

    ont invités   ont souhaité   ont proposé

7. Il m'........ de ne pas intervenir dans le débat.

    a conseillé   a obligé   a parlé

8. Il m'........ pourquoi cela ne marchait pas.

    a averti   a prévenu   a expliqué

• États d'âme

Écoutez et trouvez le verbe qui correspond à l'attitude de la personne qui parle puis rapportez ce qui a été dit.

dial. témoin	☐ accepter	☐ contester
1.	☐ se réjouir	☐ se plaindre
2.	☐ demander	☐ menacer
3.	☐ se moquer	☐ s'enthousiasmer
4.	☐ ordonner	☐ supplier
5.	☐ s'intéresser	☐ être indifférent
6.	☐ s'affoler	☐ rester calme
7.	☐ regretter	☐ approuver
8.	☐ se révolter	☐ accepter

Dialogue témoin

– Je ne suis absolument pas d'accord avec vous ! Cette décision est injuste !

– Je regrette, mais c'est comme ça ! Continuez à contester ma décision et vous aurez droit au carton rouge !

• Exercice : intonation expressive

Écoutez chaque série d'enregistrements et indiquez, pour chaque série, le numéro qui correspond à chaque phrase.

enr.

Série 1

a. Il m'a ordonné de venir. ....

b. Il m'a supplié de venir. ....

c. Il m'a suggéré de venir. ....

Série 2

a. Elle m'a obligé à sortir. ....

b. Elle m'a autorisé à sortir. ....

c. Elle m'a interdit de sortir. ....

Série 3

a. Il m'a demandé de l'appeler. ....

enr.

b. Il m'a autorisé à l'appeler. ....

c. Il m'a suggéré de l'appeler. ....

Série 4

a. Il m'a reproché d'aller trop vite. ....

b. Il m'a conseillé de conduire prudemment. ....

c. Il m'a supplié de ne pas aller trop vite. ....

Série 5

a. Il a refusé la publication de l'article. ....

b. Il a exigé la publication de l'article. ....

c. Il a autorisé la publication de l'article. ....

Rapporter des intentions, des points de vue

• Ma petite entreprise

Écoutez les deux dialogues et, en vous servant des informations données, rédigez un court article pour le journal de l'entreprise.

Dialogue témoin
Nous sommes réunis aujourd'hui pour fêter le départ de nos collègues Yves Calmart et Jeanne Soubiran…

• Exercice : discours rapporté

Écoutez et dites quelle est la meilleure façon de rapporter les paroles entendues.

enr.

.... Il s'est fâché contre son collaborateur.

.... Il a encouragé son collaborateur à continuer.

.... Il a menacé son collaborateur.

.... Il a félicité son collaborateur.

.... Il a critiqué le travail de son collaborateur.

.... Il a fait des reproches à son collaborateur.

.... Il s'est moqué de son collaborateur.

.... Il a insisté sur la qualité du travail de son collaborateur.

ORAL ET ÉCRIT

SÉQUENCE **6**

OBJECTIFS

SAVOIR-FAIRE
- identifier des intentions et des points de vue à l'oral et à l'écrit
- rapporter et interpréter des paroles ou des discours écrits

GRAMMAIRE
- la concordance des temps (discours direct, discours indirect)
- le passé récent
- la construction des verbes du discours rapporté

LEXIQUE
- les verbes qui permettent de rapporter le discours à l'oral
- les différences de formulation entre l'écrit et l'oral

ÉCRIT
- prendre des notes
- répondre à une invitation

CULTURES
- les titres de journaux

● Messages

Écoutez et identifiez, pour chaque enregistrement, le document qui correspond.

Dialogue témoin

– Ce soir, quand on est arrivé au théâtre, la représentation était annulée…

– Moi, j'y suis allé hier soir, après on est allé au restaurant. Toute la troupe est arrivée juste après nous. L'actrice a commandé des moules. Elle en a mangé au moins deux kilos !

– Ah ! je comprends !

> Nous sommes au regret de vous annoncer que, suite à une indisposition de Maria Renardo, la représentation de ce soir n'aura pas lieu.
>
> *Vous pouvez vous faire rembourser vos billets à l'accueil.*

CHIEN PERDU ←

BON GROS CHIEN NOIR ET BLANC, répond au nom de Médor. Perdu hier soir dans le bois de Vincennes. Récompense assurée.

Téléphonez au 01 52 59 63 22

a ☐

MAIRIE DE PARIS

À l'ensemble du personnel

À l'occasion du sommet des chefs d'État et de gouvernement européens, le maire de Paris accorde une journée de congé exceptionnelle à l'ensemble du personnel de la mairie.

b ☐

d ☐

Malika et *Jérôme*
ont l'immense bonheur de vous annoncer la naissance de leur première fille :
Elena
Elena est née le 12 Mai à 18h.50. Elle sera suivie de beaucoup de frères et sœurs !

c ☐

VENEZ NOMBREUX À LA **MANIF** DIMANCHE !
À pied, à cheval, à vélo
Moins de quatre roues
Plus de deux roues
VIVE LE VÉLO !
R.V. Place de la Bastille **15 H.**

Rapporter des intentions, des points de vue

● Documents

Écoutez et reconstituez les documents suivants.

Dialogue témoin

– Allô, Florence, c'est Bruno.

– Ah, Bruno ! Ça va ?

– Ben non, ça ne va pas du tout ! J'ai 40 de fièvre et très mal à la tête.

– Bon, j'ai compris. Je préviens les étudiants que tu ne peux pas venir.

– Ben, oui. Préviens-les que le cours est reporté à lundi, même heure.

– Allez, soigne-toi bien. Salut !

•J'ai laissé un message

Lisez les messages et imaginez les dialogues qui leur correspondent.

Écoutez ensuite les dialogues enregistrés et comparez-les avec vos productions.

Dialogue témoin

– Tu peux faire les courses pour ce soir ? Il n'y a plus rien dans le frigo.

– D'accord. Qu'est-ce que j'achète ?

– Tu passes chez le boucher du coin de la rue et tu prends cinq tranches de jambon. Prends aussi un peu de pâté et des olives pour mettre dans la salade et n'oublie pas le pain !

– OK, ne t'inquiète pas.

Léa,
peux-tu faire les courses ?
Achète :
– 5 tranches de jambon
– un peu de pâté (200g)
– des olives
– une salade
– du pain   Merci !

Aller chez Alain demain :
– Prendre les clefs chez Madame Michel.
– Arroser les plantes.
– Descendre la poubelle.
– Sortir le chien.
– Prendre le courrier dans la boîte.

Orléans, le 25 mai

Cher Monsieur,

Suite à notre conversation téléphonique, vous trouverez ci-joint un chèque de 200 euros pour la réservation du bungalow pour 4 personnes du 2 au 10 juillet. Nous arriverons comme prévu le 2 en fin d'après-midi. Pourriez-vous, comme convenu, ajouter un lit d'enfant ?

Sentiments distingués,

Pierre Leduc

Différences de formulation entre l'écrit et l'oral

Consignes, modes d'emploi, recettes

ÉCRIT	ORAL
Impératif ou infinitif	Présent avec tu ou vous selon les cas
Achète cinq tranches de jambon.	Tu **achètes** cinq tranches de jambon.
Prendre les clés chez madame Michel.	Vous **prenez** les clés chez madame Michel.

Demandes d'informations

ÉCRIT	ORAL
Interrogation avec inversion	Interrogation simple avec est-ce que
Pourriez-vous ajouter un lit ?	Est-ce que vous pourriez ajouter un lit ?
Avez-vous téléphoné à madame Martin ?	Est-ce que vous avez téléphoné à madame Martin ?

Formules de politesse, salutations

ÉCRIT	ORAL
Ma chère Claire, / Cher François,	Salut Claire, / Bonjour François,
Cher Monsieur, / Chère Madame, / Chère Mademoiselle,	Bonjour monsieur, / madame, / mademoiselle,
Comment allez-vous ? J'espère que vous allez bien…	Tu vas bien ? Ça va ?

Rapporter des intentions, des points de vue

•Tu peux noter ?

Écoutez, prenez des notes pour arriver à destination. Choisissez ensuite le plan qui correspond.

Dialogue témoin

– Alors, c'est toujours d'accord pour samedi chez toi ?

– Bien sûr ! Tu sais comment y arriver ?

– Non.

– Eh bien, tu as de quoi noter ? Après Grenoble, tu prends la direction de Sisteron...

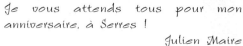

Je vous attends tous pour mon anniversaire, à Serres !

Julien Maire

•Exercice : donner des consignes par écrit

Reformulez ces phrases sous une forme écrite.

Exemple :

Tu sonnes et après tu entres. → Sonner et entrer.

1. Tu vas chez la voisine et tu lui demandes les clefs. → ....
2. Tu attends la fermeture de la porte de l'ascenseur. → ....
3. Vous lirez la page 190 pour demain. → ....
4. Est-ce que vous avez prévenu monsieur Champion ? → ....
5. Vous prenez deux oignons et vous les coupez en petits morceaux. → ....
6. Vous prendrez deux comprimés par jour pendant une semaine. → ....
7. Tu branches la prise et tu appuies sur le bouton vert. → ....
8. Pour appeler à l'extérieur, vous faites le 9. → ....
9. Vous lisez le texte et vous répondez aux questions. → ....
10. Vous prenez un ticket et vous attendez votre tour. → ....

• Tu as écouté les infos ?

Écoutez les flashs infos et choisissez, dans chaque série, les titres de journaux qui correspondent le mieux à ce que vous avez entendu.

Dialogue témoin

Nous venons à l'instant d'arrêter deux vieilles dames de la maison de retraite du quartier des Peupliers. Elles nous ont expliqué qu'elles venaient de fêter leurs 90 ans et voulaient s'offrir un bon déjeuner dans le meilleur restaurant de la ville. Elles sont parties sans payer l'addition qui était de 280 euros.

La police a annoncé l'arrestation de deux grands-mères

Le commissaire a souhaité un bon anniversaire à deux vieilles dames

UN RESTAURATEUR A INVITÉ DEUX VIEILLES DAMES À DÎNER

1 Le ministre a annoncé la construction d'un troisième aéroport près de Paris

Le ministre a renoncé à la construction d'un troisième aéroport près de Paris

Le ministre a annoncé la constitution d'un groupe de travail

2 Météo-France : Beau temps sur la Bretagne pour ce week-end.

Le président de Météo-France a rappelé qu'il avait prévenu la population

Le président de Météo-France a regretté les accidents

3 La police a attiré l'attention du public sur les précautions à prendre au distributeur

La police a certifié que tous les distributeurs étaient surveillés

La police a recommandé de ne pas utiliser les distributeurs de billets de banque

Rapporter des intentions, des points de vue

•Un bon plan

Écoutez, lisez et écrivez la réponse.

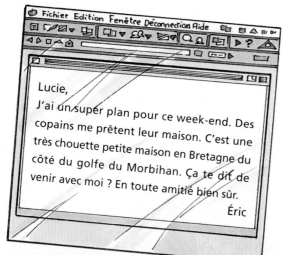

> Lucie,
>
> J'ai un super plan pour ce week-end. Des copains me prêtent leur maison. C'est une très chouette petite maison en Bretagne du côté du golfe du Morbihan. Ça te dit de venir avec moi ? En toute amitié bien sûr.
>
> Éric

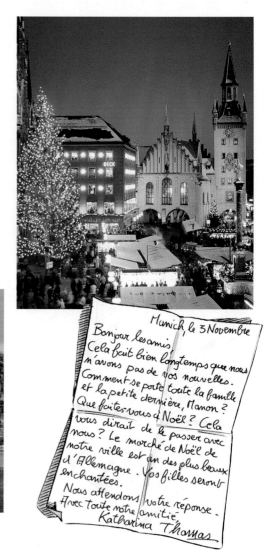

Munich, le 3 Novembre

Bonjour les amis,
Cela fait bien longtemps que nous n'avons pas de vos nouvelles. Comment se porte toute la famille et la petite dernière, Manon ? Que faites-vous à Noël ? Cela vous dirait de le passer avec nous ? Le marché de Noël de notre ville est un des plus beaux d'Allemagne. Vos filles seront enchantées.
Nous attendons votre réponse.
Avec toute notre amitié,
Katharina Thomas

•Exercice : discours rapporté

Complétez les phrases en mettant le verbe qui convient au passé composé.

1. Il m'…….. de ne pas sortir de chez moi et de soigner ma grippe.

   encourager   conseiller   déconseiller

2. Il nous …….. de faire une promenade le long de la Seine.

   autoriser   suggérer   inviter

3. Il m'…….. pour mon travail.

   promettre   féliciter   reprocher

4. Il …….. ma façon de conduire.

   approuver   conseiller   féliciter

5. Il nous …….. à quitter le cours plus tôt que prévu.

   promettre   approuver   autoriser

6. Il l'…….. dans son bureau pour un entretien le concernant.

   autoriser   avertir   convoquer

7. Elle nous …….. qu'il fallait arriver à l'heure.

   interdire   prévenir   autoriser

8. Elle les …….. de leur faire quitter la salle.

   menacer   conseiller   autoriser

9. Il lui …….. de ne pas se coucher assez tôt.

   critiquer   reprocher   permettre

10. Elle nous …….. sur sa nouvelle coiffure.

    demander un avis   féliciter   remercier

REPRISE / ANTICIPATION

OBJECTIFS

SAVOIR-FAIRE
- reformuler
  des informations
- exprimer la simultanéité,
  la cause, la condition

GRAMMAIRE
- les pronoms relatifs
  qui, que, dont
- le gérondif
- les doubles pronoms

LEXIQUE
- attitudes et sentiments

CULTURES
- personnages célèbres

•C'est quelqu'un qui...

Reformulez chaque série de phrases en une seule phrase.

Le pianiste Pierre Lanvin, dont la fille est
une excellente violoniste, a été invité par
la télévision à donner un récital dont les
droits de diffusion seront reversés à
l'association *Jeunes talents* que le monde
de la musique connaît bien et qui donne
à de jeunes musiciens l'occasion de
donner leur premier concert.

 2

- Je te présente M. Sapin.
- Je t'ai beaucoup parlé de lui.
- Il vient d'être nommé directeur du musée.
- On va inaugurer ce musée demain.

 1

- C'est un tableau magnifique.
- Je connais l'auteur de ce tableau.
- C'est un ami d'enfance.
- Je ne l'ai pas vu depuis longtemps.

 3

- C'est une histoire extraordinaire.
- La presse a beaucoup parlé de cette histoire.
- Cette histoire a eu lieu dans les années 80.
- Je vais vous raconter cette histoire.

Grammaire / communication : qui, que, dont

Le choix de **qui**, **que** ou **dont** dépend de la construction :

sujet + verbe : **qui** →	C'est un garçon **qui** travaille beaucoup.	= Ce garçon travaille beaucoup.
verbe + complément : **que** →	C'est un garçon **que** j'aime beaucoup.	= J'aime beaucoup ce garçon.
verbe avec **de** : **dont** →	C'est un garçon **dont** on parle beaucoup.	= On parle beaucoup de ce garçon.
nom avec **de** : **dont** →	C'est un garçon **dont** le travail est excellent.	= Le travail de ce garçon est excellent.

Rapporter des intentions, des points de vue

● Casse-tête

1. En vous servant des dix informations données, devinez le prénom de chaque personnage.

prénom :   prénom :   prénom :   prénom :   prénom :

....

──────── **Informations** ────────

1. La femme dont le voisin est myope a passé ses vacances sur la Côte d'Azur.
2. Celui qui est entre les deux femmes travaille dans une banque.
3. L'objet que Paul montre à sa voisine est tout petit.
4. Celui des deux hommes qui a une bonne vue est marié avec Annie qui est infirmière.
5. La femme dont le mari est médecin n'est pas à côté de lui.

6. L'homme dont la femme travaille dans un hôpital aime les chemises à fleurs.
7. La personne dont la voisine boit une menthe à l'eau est étrangère et s'appelle Maria.
8. La femme dont les voisins portent des lunettes est née au Venezuela.
9. La femme qui est bronzée et dont le voisin est marié s'appelle Chloé.
10. L'homme qui est à droite de Chloé s'appelle Laurent.

2. Répondez aux questions.

1. Paul est marié.   ☐ vrai ☐ faux
2. Comment s'appelle le mari de l'infirmière ? ....
3. Chloé est étrangère. ☐ vrai ☐ faux
4. Quelle est la profession de Laurent ? ....

5. Laurent et Chloé vont se marier.
     ☐ vrai   ☐ faux
6. Paul va se marier avec Maria. ☐ vrai ☐ faux
7. Qui est médecin ? ....

● Exercice : dont

Reformulez chaque série de deux phrases en une seule phrase (en utilisant dont).

Exemple : Je vais vous présenter quelqu'un. Son nom est inconnu du public.

   → Je vais vous présenter quelqu'un dont le nom est inconnu du public.

1. C'est une information importante. On va beaucoup en parler cette semaine.   →   ....

2. J'ai un ami. Son père collectionne les boîtes de camembert.   →   ....

3. Elle a écrit un roman. L'action de ce roman se passe au Japon.   →   ....

4. Je cherche un mot de trois lettres. Son nom commence par *i* et se termine par *i*.   →   ....

5. C'est un voyage inoubliable. J'en rêvais depuis des années.   →   ....

6. C'est un cinéaste polonais. Son nom est impossible à prononcer pour un Français.   →   ....

Le gérondif

Écoutez, regardez les dessins et dites si l'avis a été suivi ou non.

1

2

3

4

5

6

Grammaire / communication : le gérondif

Le gérondif est composé de deux mots : en **et le participe présent.**

La formation du participe présent est simple et ressemble à la formation de l'imparfait : forme utilisée avec nous + -ant.

Exemples :

partir	→ nous **part**ons	→ **part**ant
faire	→ nous **fais**ons	→ **fais**ant
choisir	→ nous **choisiss**ons	→ **choisiss**ant
vouloir	→ nous **voul**ons	→ **voul**ant

Seuls trois verbes ne respectent pas cette règle de formation :

avoir	→ nous **av**ons	→ ayant
être	→ nous **som**mes	→ étant
savoir	→ nous **sav**ons	→ sachant

Le gérondif sert à...

• **exprimer la simultanéité dans le temps :**

Il est parti en **riant**.

Il m'a regardée en **souriant**.

• **exprimer une cause :**

Il a réussi son examen en **travaillant** nuit et jour.

= Il a réussi parce qu'il a travaillé nuit et jour.

Il s'est cassé la jambe en **tombant**.

= Il s'est cassé la jambe parce qu'il est tombé.

• **exprimer une condition :**

En **partant** plus tôt, on évitera les embouteillages.

= Si on part plus tôt, on évitera les embouteillages.

En **faisant** cela, tu vas avoir des problèmes.

= Si tu fais cela, tu vas avoir des problèmes.

• Célébrités

Dites comment les personnages de la liste 1 sont devenus célèbres.

Puis dites comment ceux de la liste 2 le sont devenus.

Alain Prost
Alexander Flemming
Ian Flemming
Lance Armstrong
Louis Armstrong
Marcel Proust
Neil Armstrong
Pablo Picasso

• En découvrant la pénicilline.
• En devenant champion du monde de formule 1.
• En écrivant *À la recherche du temps perdu*.
• En écrivant les aventures de James Bond.
• En gagnant plusieurs fois le Tour de France.
• En inventant le cubisme.
• En jouant de la trompette.
• En marchant sur la lune.

2

Céline Dion
Brigitte Bardot
Christophe Colomb
Louis Pasteur
Les frères Lumière
Michel Platini
Le commandant Cousteau
Henri Matisse

• Exercice : le gérondif (1)

Écoutez et dites quelle est la signification des gérondifs utilisés.

	1.	2.	3.	4.	5.	6.	7.	8	9.	10.
cause	☐	☐	☐	☐	☐	☐	☐	☐	☐	☐
condition	☐	☐	☐	☐	☐	☐	☐	☐	☐	☐
simultanéité	☐	☐	☐	☐	☐	☐	☐	☐	☐	☐

• Exercice : le gérondif (2)

Transformez les phrases en utilisant le gérondif.

1. Il a fait fortune parce qu'il a beaucoup travaillé. → ....
2. Elle a rencontré Bruno alors qu'elle rentrait chez elle. → ....
3. Si tu cherches bien, tu trouveras. → ....
4. Si tu insistes un peu, tu obtiendras ce que tu voudras. → ....
5. Il s'est fait mal parce qu'il a voulu courir trop vite. → ....
6. Il a réussi son bac parce qu'il a travaillé toute l'année. → ....
7. Si tu joues tous les jours, tu vas peut-être gagner ! → ....
8. Quand il est rentré chez lui, il a trouvé son chat devant sa porte. → ....

• Arc-en-ciel

Écoutez et dites de qui on parle.

Le bleu

Passivité, générosité, calme

Les personnes qui aiment le bleu sont rassurantes, généreuses et se donnent sans compter dans tout ce qu'elles entreprennent. En revanche, elles détestent être jugées. Elles donnent une impression de sérieux et de crédibilité.

Le rose

Optimisme, harmonie, plaisir

Les personnes qui apprécient particulièrement cette couleur seront toujours positives et cela dans n'importe quelle situation. Porter du rose chasse les pensées négatives.

Le violet

Harmonie, pensée

Ce sont souvent des personnes plus attachées aux valeurs spirituelles qui portent du violet. A contrario, celles qui exècrent cette couleur sont souvent matérialistes, méfiantes et craignent d'être abusées.

Le rouge

Énergie, colère

Vous aimez le rouge, au point d'en porter régulièrement ? Eh bien, vous êtes de ceux qui aiment séduire, attirer l'attention, provoquer le plaisir et la fascination, qui aiment le luxe, la beauté, l'intelligence et l'humour. Que de qualificatifs pour une couleur qui symbolise à elle seule la passion !

Le vert

Création, spiritualité, paix

Chemisiers verts, pantalons et jupes verts, vestes vertes... Pourquoi pas ? Les personnes qui aiment le vert sont toujours de bonne humeur. Elles se soucient du jugement d'autrui, apprécient le mystère et adorent la nouveauté.

Le blanc

Force, sagesse et fidélité

Rappelez-vous les sensations éprouvées lors de votre mariage et vous aurez très vite compris que le blanc est une couleur de star ! Portez cette couleur en public et vous aurez l'impression que tous les regards se tournent vers vous !

Le noir

Stabilité, respect, détermination

Les personnes habillées de noir respirent la stabilité. On les écoute davantage, car elles savent convaincre et se faire respecter.

L'orange

Optimisme, créativité

Optimisme, bonne humeur, créativité, inspiration..., l'orange est une couleur tonique qui apporte des milliards de bonnes choses pour celui qui la porte. D'ailleurs, elle vous rendra plus débrouillard, habile et indépendant.

Le jaune

Attirance, séduction, élégance

Les personnes qui portent du jaune sont ambitieuses et spontanées. Elles recherchent la sympathie et aiment séduire. S'il vous vient un jour l'idée de porter cette couleur, sachez qu'elle attire le succès et l'adhésion du public. Alors, n'hésitez plus !

•Mais de quoi parlent-ils ?

Écoutez et identifiez les objets dont on parle.

a ☐

b ☐

c ☐

d ☐

jacques higelin

e ☐

f ☐

g ☐

h ☐

i ☐

Grammaire / communication : les doubles pronoms

Vous pouvez combiner entre eux plusieurs pronoms.

La plupart du temps, on utilise un seul pronom.

Exemples :

Je prête **ma voiture** ⟶ Je **la** prête.

Je prête ma voiture **à Jean** ⟶ Je **lui** prête ma voiture.

Mais vous pouvez utiliser la et lui ensemble :

Je **la lui** prête.

Comment ça marche ?

• le / la / les / l' combinés avec me / te / nous / vous

– me / te / nous / vous sont en première position ;

– le / la / les / l' sont en deuxième position :

Il me le donne.   Il te la montre.

Il nous les conseille.   Je vous l'offre.

• le / la / les / l' combinés avec lui ou leur

– le / la / les / l' sont en première position ;

– lui / leur sont en deuxième position :

Je la lui montre.   Je les leur donne.

• en combiné avec me / te / lui / nous / vous / leur

– en est en deuxième position ;

– me / te / lui / nous / vous / leur sont en première position :

Il m'en donne.   Je t'en achète deux.

Je lui en offre encore ?   Il nous en montre un.

Elle vous en propose plusieurs.   Il leur en demande un autre.

TEXTES ET PAROLES

OBJECTIFS

SAVOIR-FAIRE
- identifier et rapporter des points de vue présents dans des discours écrits

GRAMMAIRE
- concordance des temps

LEXIQUE
- proposer, refuser

ÉCRIT
- rédiger une proposition ou un refus

CULTURES
- la littérature : Zola
- la chanson : Renaud

• Germinal

Lisez les documents et choisissez les enregistrements qui donnent les informations correctes.

Je suis né le 2 avril 1840 d'un père natif de Venise et d'une mère française. Je suis né ici à Paris, en plein centre d'un des quartiers populaires. Mon père était ingénieur. J'ai grandi en Provence de l'âge de 3 ans jusqu'à l'âge de 18 ans et j'ai commencé mes études au collège de la ville d'Aix. Revenu à Paris en 1858, j'ai connu une période de grande misère. J'ai terminé mes études secondaires au lycée Saint-Louis. En 1862, je suis rentré à la Librairie Hachette, jusqu'en 1866, époque où je me suis lancé dans le journalisme. Il y a déjà dix ans que je vis de ma plume, plutôt mal que bien. Je vis dans un quartier éloigné. J'habite une petite maison

Émile Zola, écrivain français.
1840-1902 : *Thérèse Raquin,
L'Assommoir, Nana, Germinal.*

avec ma femme, ma mère, deux chiens et un chat. Je sors le moins possible. [...] Mes heures sont fixées : le matin, je m'assieds à ma table, j'écris tout doucement, en moyenne trois pages par jour, sans recopier : imaginez-vous une femme qui brode de la laine point par point ; naturellement je fais des fautes, quelques fois je rature, mais je ne mets ma phrase sur le papier que lorsqu'elle est parfaitement disposée dans ma tête. Comme vous voyez, tout ceci est extraordinairement ordinaire.

[...] Quand je suis content de ma journée, le soir, je joue aux dominos avec ma femme et ma mère. J'attends ainsi plus facilement le succès. Je juge que je ne me connais qu'un vice : j'aime bien manger. [...]

[...] Au fond, dans l'art, je n'ai qu'une passion : la vie. Je suis dévoué avec amour à la vie actuelle, à toute mon époque.

Article paru dans les *Annales de la Patrie*, 1876.

■ **1952** - Nous sommes le 11 mai, et le petit Renaud Séchan voit le jour.

■ **1968** - C'est le mois de mai, Renaud a 16 ans, et comme de nombreux étudiants, il monte sur les barricades.

■ **1969** - Il fait beau, c'est le mois de juillet, Renaud trouve son premier boulot. Il est magasinier dans une librairie du quartier Latin. Il y restera environ deux ans avant d'être congédié pour ses nombreux retards et absences.

■ **1975** - Renaud a 22 ans, et sort son premier disque.

■ **1984** - Nous sommes le 17 janvier et Renaud passe pour la première fois (il y reviendra encore deux fois) en concert au Zénith. Il y restera pendant trois semaines.

■ **1992** - Renaud arrête la chanson pendant plusieurs mois pour tourner *Germinal*, adaptation du célèbre drame de Zola par Claude Berri. Le tournage dure plusieurs mois dans le Nord de la France. Renaud découvre le pays de son grand-père et renoue avec ses racines de « chtimi ».

■ **1997** - Il donne une série de concerts en France et à l'étranger. Partout, le dialogue s'établit entre la salle et les spectateurs, complètement en phase avec un chanteur qu'ils connaissent si bien et qu'ils estiment profondément.

■ **2002** - Il sort un nouvel album *Boucan d'enfer*, avec une chanson qui a eu un grand succès : *Docteur Renaud, Mister Renard*.

Rapporter des intentions, des points de vue

•Recrutement

Lisez les deux courriers, écoutez l'enregistrement puis rédigez une lettre d'acceptation ou de refus.

Dialogue témoin

– Madame Lecomte ?

– Oui, madame Chapuis ?

– En réponse à l'offre d'emploi, nous avons reçu deux courriers. Qu'est-ce que je fais ?

– ...

Marseille, le 18 janvier...

Monsieur le Directeur,

Comme suite à notre conversation téléphonique du 16 janvier, vous trouverez, ci-joint, mon curriculum vitae.

Comme vous pouvez le constater, les responsabilités qui m'ont été confiées dans la société Brumel m'ont amenée à prendre des contacts avec de nombreuses firmes étrangères. Je serai heureuse de faire profiter votre entreprise du savoir-faire acquis dans le domaine des relations internationales.

Dans l'attente de votre réponse, je vous prie d'agréer, Monsieur le Directeur, l'expression de mes sentiments respectueux.

Linda Borghese

Paris, le 16 janvier...

Madame, Monsieur,

Comme suite à notre entretien téléphonique du 14 janvier, je vous fais parvenir mon CV.

Au cours de ma carrière à l'étranger, tant en Asie que sur le continent américain, j'ai exercé des responsabilités importantes dans des entreprises de renom. Je leur ai apporté un savoir-faire que je suis tout à fait disposé à vous faire partager.

Recevez, Madame, Monsieur, l'assurance de mes sentiments les meilleurs.

Jean-Edouard de la Batte

Formuler une proposition ou un refus par écrit

Rappel des circonstances et des contacts antérieurs

• Comme suite à notre conversation téléphonique du…	• J'ai bien reçu votre demande de…
• En réponse à votre courrier du…	• J'ai lu attentivement votre curriculum vitae…

Proposition	Refus
1. Ajouts d'arguments, d'une appréciation	1. Ajouts d'arguments, d'une appréciation
Notre société a investi dans...	Notre entreprise connaît actuellement des difficultés…
Notre entreprise est en pleine expansion…	La situation économique ne nous permet pas de…
2. Formulation de la proposition	2. Formulation du refus
Nous sommes heureux de vous proposer…	Je suis au regret de…
Nous avons le plaisir de vous proposer…	Je suis désolé de… / Malheureusement…
3. Formule de politesse	3. Formule de politesse
En espérant une collaboration fructueuse…	En regrettant de ne pouvoir donner suite à votre proposition…

Formule finale de politesse

Je vous prie d'agréer l'expression de mes sentiments les meilleurs / de mes sentiments distingués / de mes sentiments respectueux / de mon profond respect.

• Les tarifs Découverte

Écoutez les enregistrements et servez-vous du document pour donner les informations demandées.

Dialogue témoin

– Bonjour, monsieur, voilà… Je voudrais passer un week-end à Strasbourg. Il y a des réductions ?

– Bien sûr ! Ça dépend de votre date de départ.

– Nous partons dans deux semaines.

– Eh bien, nous pouvons vous proposer…

Les tarifs **DÉCOUVERTE** ⬇	⇨ conditions	⇨ réductions
• DÉCOUVERTE **Enfant Plus**	Tous ceux (jusqu'à 4 personnes ayant ou non un lien de parenté) qui voyagent avec **un enfant de moins de 12 ans**, bénéficient d'une réduction. Les **enfants de moins de 4 ans** voyagent gratuitement.	**25 %** dans les TGV et places couchettes des trains grandes lignes (dans la limite des places disponibles), sur les places assises des trains grandes lignes et des trains express régionaux (TER) pour des trajets commencés en période bleue de la semaine type.
• DÉCOUVERTE **12-25**	**Si vous avez entre 12 et 25 ans**, sans la moindre formalité, sur justification de votre âge, vous bénéficiez d'une réduction.	Variables **de 20 à 50 %** selon les trajets.
• DÉCOUVERTE **Senior**	**Si vous voyagez occasionnellement**, vous bénéficiez, **dès 60 ans**, d'une réduction sur justification de votre âge.	Variables **de 20 à 50 %** selon les trajets.
• DÉCOUVERTE **À Deux**	**Vous partez à deux**, que ce soit avec votre cousin, votre voisin, votre conjoint(e), vous bénéficiez tous les deux d'une réduction.	Variables **de 20 à 50 %** selon les trajets.
• DÉCOUVERTE **Séjour**	**Vous partez quelques jours ?** Si votre séjour comprend la nuit du samedi au dimanche, vous profitez d'une réduction sur les trajets aller-retour de plus de 200 km.	Variables **de 20 à 50 %** selon les trajets.
• DÉCOUVERTE **J8**	**Vous avez planifié votre départ ?** Découverte J8 : à réserver entre deux mois et 8 jours avant votre départ.	Variables **de 20 à 50 %** selon les trajets.
• DÉCOUVERTE **J30**	À réserver entre deux mois et trente jours avant votre départ.	Variables **de 20 à 50 %** selon les trajets.

Rapporter des intentions, des points de vue

•Paroles de Parisien

Lisez l'interview de Bernard Brochand et dites quelle affirmation correspond à ce que vous avez lu.

Bernard Brochand, une seule passion : Paris

Bernard Brochand, directeur artistique, est un vrai Parisien. Il nous parle de sa vie, de sa ville, de ce qu'il aime.

Vous êtes un vrai Parisien ?

Un vrai. Je suis né à Paris, dans le IIᵉ arrondissement, et je mourrai à Paris. Je suis passionnément amoureux de Paris. Quand je dois vivre dans une autre ville pour des raisons professionnelles plus de deux mois, je ne me sens pas bien.

Vous avez le temps de profiter de la vie culturelle parisienne ?

Vous savez, je prends le temps de sortir et de profiter de Paris. Mon emploi du temps me permet d'aller voir des expositions, d'aller au théâtre, au cinéma ou de fréquenter les galeries de peinture où je trouve qu'on découvre parfois des artistes plus intéressants que ceux qui sont exposés dans les lieux officiels comme le musée d'Orsay ou le Louvre.

Vous habitez où ?

Dans le VIIᵉ arrondissement mais je n'aime pas beaucoup, je trouve cet arrondissement trop triste. Je préfère les quartiers populaires aux quartiers bourgeois qui sont trop calmes, qui manquent de vie, de commerces et de cafés.

Qu'aimez-vous faire à Paris ?

J'aime tout faire ! Me promener à pied ou à vélo, rester à une terrasse de café pour observer les gens qui passent.

Prenez-vous souvent les transports en commun ?

J'ai souvent pris le métro quand j'étais jeune. Maintenant, pratiquement plus. J'y suis retourné l'année dernière pour organiser une exposition de peinture murale. J'aimerais avoir plus de temps pour rester une heure ou deux dans le métro et observer les voyageurs.

Qu'est-ce que vous proposeriez pour améliorer la vie à Paris ?

Il y a encore trop de place réservée à la voiture. Mais les choses évoluent. Il n'y a pas encore assez de couloirs pour les bus et pour les vélos. Et c'est dommage qu'il y ait si peu de taxis. Je n'aime pas travailler pour la publicité, mais si on me demande de monter un projet pour les transports en commun, je pense que j'accepterai de le faire.

Bernard Brochand a dit qu'il...

☐ n'avait pas le temps de profiter de la vie culturelle parisienne.

☐ aimait se promener, s'asseoir à une terrasse de café pour observer les gens.

Bernard Brochand a affirmé...

☐ qu'il aimait moins Paris qu'avant.

☐ qu'il entretenait une relation amoureuse avec Paris.

Bernard Brochand a critiqué...

☐ le manque de couloirs de bus.

☐ le manque d'espaces verts.

Bernard Brochand a expliqué...

☐ qu'il préférait les quartiers bourgeois.

☐ qu'il se sentait mal loin de Paris.

Bernard Brochand a regretté...

☐ le manque de taxis.

☐ le manque d'animation dans le métro.

Bernard Brochand a laissé entendre...

☐ qu'il était prêt à faire une publicité pour les transports en commun.

☐ qu'il était prêt à se déplacer en vélo.

•Les gauchers

Écoutez et dites quelles sont les informations oubliées ou mal rapportées.

Les gauchers : qu'ont-ils de différent ?

Les gauchers célèbres
Bill Clinton
Albert Einstein
Napoléon Bonaparte
Victoria d'Angleterre
Billy the Kid
Paul McCartney
Pablo Picasso
Charlie Chaplin
Guy Forget
Henri Leconte
Leonardo de Vinci

Une minorité forte de 600 millions d'humains

Aujourd'hui, ils représentent 8 à 15 % de la population de la planète. Avec des différences selon les pays. En France, le nombre de gauchers est de 6 millions soit environ 1 personne sur 10. En Asie et plus particulièrement au Japon, le pourcentage est de 6-7 %. Ce faible taux s'explique, entre autres, par la répression encore exercée contre eux. Côté sexe, les statistiques montrent que les hommes ont plus de tendance (11 % en France) à la « gaucherie » que les femmes (9 %). On peut observer cette différence dès l'enfance. Enfin, il y a moins de gauchers parmi les personnes âgées. Cela ne veut pas dire que les gauchers meurent plus jeunes, comme on l'a longtemps cru, mais cela correspond à la répression exercée contre eux jusque dans les années 50 : beaucoup de septuagénaires droitiers sont en fait des gauchers contrariés : ils ont été rééduqués. Les gauchers existent-ils aussi chez les animaux ? « La majorité des primates sont ambidextres », répond la vétérinaire du Muséum d'histoire naturelle de Paris. « Chez les grands singes, la répartition droitiers-gauchers est beaucoup plus équilibrée que chez l'homme. »

•Exercice : discours rapporté

Rapportez ce qui est dit en utilisant un des verbes de la liste.

ordonner / autoriser / supplier / conseiller / inviter / recommander

Exemple : Je t'assure, je ne recommencerai pas. → Il / elle m'a promis de ne pas recommencer.

1. S'il te plaît, viens avec moi ! → ....

2. On va au restaurant, mais c'est moi qui paie. → ....

3. Vous vous taisez et vous nous suivez ! → ....

4. D'accord, tu peux rentrer vers minuit, mais pas plus tard ! → ....

5. Soyez très prudent, ne dépassez pas la vitesse autorisée. → ....

6. À ta place, j'accepterais ce travail. → ....

Rapporter des intentions, des points de vue

•Découvrez le monde des sigles

Écoutez les enregistrements et repérez, dans les textes, les sigles entendus.

C
U
L
T
U
R
E
S

■ *Qu'est-ce qu'un sigle ?*

C'est un mot formé à partir des initiales de plusieurs mots. Par exemple, TGV qui signifie Train à grande vitesse ou HEC, Hautes études commerciales.

■ *Les sigles font partie de la vie quotidienne des Français*

Lorsqu'ils parlent ou lorsqu'ils écrivent, les Français utilisent volontiers des sigles. Chaque domaine d'activité possède ses sigles connus soit des initiés, soit des personnes travaillant dans le domaine. Si les Français utilisent couramment les sigles, ils ne savent pas toujours la signification des lettres qui les composent.

Par exemple, dans le domaine social, beaucoup ne savent pas ce que signifient des sigles aussi souvent employés que ANPE, SMIC ou RMI.

De même, dans le domaine de l'éducation, la signification des sigles comme DEUG, DEA ou DESS est avant tout connue des personnes en relation avec le monde universitaire, étudiants, professeurs, conseillers d'orientation.

Lors de négociations entre les salariés et la direction d'une entreprise, qui n'a pas utilisé, entendu ou lu les sigles désignant les syndicats mais sans savoir que CGT signifiait Confédération générale des travailleurs, CFDT, Confédération française des travailleurs et FO, Force ouvrière ?

Enfin, les sigles sont pratiquement employés de manière systématique pour désigner une institution ou une entreprise dont le nom est trop long à prononcer. C'est le cas dans le domaine des transports, de la RATP, la Régie des transports parisiens, du RER, le Réseau express régional ou la très connue SNCF, la Société nationale des chemins de fer français.

■ *Les personnes et les sigles*

Les sigles sont plus rarement utilisés pour les personnes. Mais de même que John Fitzgerald Kennedy était désigné par le sigle JFK, en France, quand on parle de Valéry Giscard D'Estaing (ancien président de la République) ou Dominique Strauss-Kahn (ancien ministre des Finances) dans les médias, on utilisera plus souvent les sigles respectifs VGE et DSK. Pour finir, le présentateur du journal télévisé à 20 heures (autrement dit le JT) sur TF1, n'est autre que PPDA, pour Patrick Poivre d'Arvor.

■ *Voici quelques sigles et leur signification :*

• Économie

TVA : Taxe à la valeur ajoutée
TTC : Toutes taxes comprises
PDG : Président directeur général

• Social

ANPE : Agence nationale pour l'emploi
SMIC : Salaire minimum interprofessionnel de croissance
RMI : Revenu minimum d'insertion
SDF : Sans domicile fixe
CDD : Contrat à durée déterminée
CDI : Contrat à durée indéterminée

• Éducation

CE1 : Cours élémentaire première année
DEUG : Diplôme d'études universitaires générales
DEA : Diplôme d'études approfondies
DESS : Diplôme d'études supérieures spécialisées
IUT : Institut universitaire technologique

• Politique

PS : Parti socialiste
UDF : Union des démocrates français
UMP : Union pour un mouvement populaire
(anciennement Union pour la majorité présidentielle)
PC : Parti communiste
LCR : Ligue communiste révolutionnaire

• Compréhension écrite

Lisez le texte, puis répondez aux questions en cochant la ou les bonne(s) réponse(s).

Une grande chaîne de télévision a fait un sondage sur la façon dont, selon les adultes, les enfants perçoivent les films de violence. Voici quelques témoignages.

Karima, chanteuse : Je me sens terriblement concernée par ce problème… J'ai trois enfants et je sais de quoi je parle… Ils adorent ce genre de films, mais nous les adultes, nous devons les mettre en garde et leur faire comprendre que ce n'est que du cinéma, ce n'est pas la vie réelle… Les jeunes aujourd'hui manquent de repères, ils ne savent plus faire la part des choses. Pour moi, un film, ça doit être un moment de détente, une distraction, pas un moment de stress. Mais on dirait vraiment que, pour les jeunes, il ne peut y avoir de distraction sans violence. C'est triste, même affligeant.

Michel, avocat : Avec mes enfants, je suis comme un grand frère, je ne suis pas là pour leur faire la morale, j'ai d'autres moyens de leur faire comprendre les choses. J'aime beaucoup les films d'action et, très souvent, ils sont violents. Quand j'étais jeune, mes parents n'avaient pas la télévision, mais la violence, elle, était déjà partout. Je suis bien placé pour le savoir, je la rencontre tous les jours chez mes clients. Alors, le soir, j'en parle à mes enfants pour qu'ils comprennent que la violence gratuite, comme ce qu'ils voient à la télévision, conduit les gens d'abord chez un avocat puis, parfois, en prison. Je ne devrais pas être le seul à leur dire cela. C'est aussi le rôle des profs, à l'école puis au lycée, de leur apprendre qu'on doit grandir dans le respect des autres et non dans la violence.

Sylvie, psychologue : Il faut arrêter d'avoir un discours catastrophiste sur la violence à la télévision. La violence est partout et les enfants, malheureusement, apprennent très tôt à la voir et à la reconnaître. Ce qu'il faut, c'est faire confiance à l'intelligence des enfants. On croit que parce qu'ils sont jeunes, ils sont stupides et incapables de faire la différence entre une fiction et la réalité, mais c'est faux ; ils savent parfaitement le faire, je le vois bien aux questions qu'ils me posent.

Brahim, étudiant : Dans certaines familles, la violence, cela s'apprend parfois dès le plus jeune âge. Dans d'autres, on est protégé jusqu'à l'âge adulte. Quand on parle des enfants, il ne faut jamais généraliser. Certains n'aiment pas du tout la violence à la télévision, d'autres y prennent parfois du plaisir, d'autres encore adorent ça. C'est pourquoi on devrait surveiller ce que les enfants regardent car ils réagissent tous de façon différente.

1. Ces quatre personnes ont-elles toutes le même avis ?

☐ oui ☐ non

2. Dites qui exprime chacune des opinions suivantes (plusieurs réponses possibles).

	Karima	Michel	Sylvie	Brahim	?
La télévision permet aux enfants de construire leur personnalité.	☐	☐	☐	☐	☐
Les adultes ont un rôle important à jouer auprès des jeunes.	☐	☐	☐	☐	☐
Tous les enfants sont différents.	☐	☐	☐	☐	☐
Les enfants sont parfaitement capables de porter un jugement.	☐	☐	☐	☐	☐
Les parents doivent être aidés par les enseignants.	☐	☐	☐	☐	☐

3. Parmi ces quatre personnes, qui... (plusieurs réponses possibles).

	Karima	Michel	Sylvie	Brahim
prend son métier comme exemple ?	☐	☐	☐	☐
prend son enfance ou sa jeunesse comme exemple ?	☐	☐	☐	☐
ne parle pas de son propre exemple ?	☐	☐	☐	☐

4. Dites si les phrases suivantes expriment un conseil ou une constatation.

	conseil	constatation
Nous, les adultes, nous devons les mettre en garde.	☐	☐
Il faut arrêter d'avoir un discours catastrophiste sur la violence.	☐	☐
On devrait surveiller ce que les enfants regardent.	☐	☐

5. Vrai ou faux ? Répondez en cochant la case correspondante. Si le texte ne permet pas de répondre, cochez la case ?.

	vrai	faux	?
Karima comprend les jeunes parce qu'elle a eu une jeunesse difficile.	☐	☐	☐
Michel pense que ce n'est pas à lui d'éduquer ses enfants.	☐	☐	☐
Pour Sylvie, il faut faire confiance aux enfants.	☐	☐	☐
Pour Brahim, le problème de la violence se pose surtout à l'école.	☐	☐	☐

● Expression écrite

La violence est partout et les enfants, malheureusement, apprennent très tôt à la voir et à la reconnaître, dit Sylvie.
**Êtes-vous d'accord avec elle ? Argumentez votre opinion en prenant des exemples dans la vie quotidienne
(120 mots environ).**

● Expression orale

**Choisissez un des sujets suivants. Préparez vos arguments pendant 15 minutes puis présentez votre opinion
personnelle argumentée à votre examinateur avant de répondre à ses questions.**

1. Les jeunes ne sont pas prudents, ils roulent trop vite et peuvent provoquer des accidents. Êtes-vous d'accord avec cette affirmation ? Dites pourquoi.

2. L'amitié est-elle importante pour vous ? Quelles qualités appréciez-vous chez vos meilleurs amis ? Expliquez pourquoi.

3. Certaines personnes pensent que, sans argent, la vie ne vaut pas la peine d'être vécue. Qu'en pensez-vous ?

4. Pensez-vous que nous vivons en accord avec notre environnement ? Dites pourquoi.

5. Quel métier aimeriez-vous faire ? Dites pourquoi.

1. Concordance des temps

Transformez les phrases en respectant la concordance des temps.

1. Tu veux venir avec nous ?
   → Elle m'a demandé si …………………………

2. Je passe prendre Paulo à 8 heures.
   → Il a dit qu'…………………………

3. Je peux venir avec mes enfants ?
   → Il a demandé si …………………………

4. Après mon bac, je m'inscris en fac d'histoire.
   → Il a dit qu'…………………………

5. Vous vous appelez comment ?
   → Il m'a demandé comment …………………

6. Tu m'ennuies.
   → Elle m'a dit que …………………………

7. Vous avez l'heure ?
   → Ils m'ont demandé si …………………………

8. Je peux vous aider à porter votre sac ?
   → Il m'a demandé si …………………………

2. Concordance des temps

Transformez les phrases en respectant la concordance des temps.

1. Dimanche, on ira à la campagne.
   → Il nous a dit …………………………

2. Tu vas chez Xavier samedi soir ?
   → Elle m'a demandé …………………………

3. Il va neiger au-dessus de 800 mètres dans les Alpes.
   → La météo a annoncé …………………………

4. J'ai rencontré notre voisin, l'affaire est réglée.
   → Il nous a dit …………………………

5. Je peux t'aider à déménager samedi.
   → Il m'a dit …………………………

6. On pourra venir mais on rentrera tôt.
   → Elle nous a dit …………………………

7. J'aimerais bien te donner une réponse tout de suite.
   → Il m'a dit …………………………

8. J'ai acheté du pain.
   → Elle m'a dit …………………………

3. Discours direct / discours indirect

Écoutez puis rapportez les informations données dans les messages.

1. – Tu n'es pas avec Patrick ?
   – Non, il vient de téléphoner, il a dit qu'il …………

2. – Vous avez des nouvelles de la personne qui doit venir à 15 heures ?
   – Elle vient de téléphoner et elle a dit que …………

3. – Alors, il était content de son cadeau ?
   – Très content, il a même dit que …………………

4. – Dis, Élena, qu'est-ce que tu ferais à ma place ? Bruno vient de me téléphoner, il m'a dit qu'il ……

5. – Salut, Magali, Pierre vient de me téléphoner.
   – Ah bon, dis-moi exactement ce qu'il t'a dit, parce que …………………………
   – Ben, il m'a dit que …………………………

4. Rapporter des paroles

Écoutez et dites si les propositions suivantes se rapportent à ce que vous avez entendu.

	oui	non
1. Le directeur lui a ordonné de s'asseoir.	☐	☐
2. Il lui a reproché son manque de ponctualité.	☐	☐
3. Il lui a promis une augmentation de salaire.	☐	☐
4. Il lui a assuré qu'elle aurait une promotion.	☐	☐
5. Il lui a demandé de rester plus tard le soir.	☐	☐
6. Il lui a conseillé de réfléchir.	☐	☐

5. Rapporter des paroles

Écoutez et dites si ce qui a été dit a été bien rapporté.

dial. 1	informations	bien rapportées	mal rapportées
	• Faire des progrès en deux mois.	☐	☒
	• Se débrouiller en français.	☐	☐
	• Comprendre ce qu'elle dit à un rythme rapide.	☐	☐

dial. 2	informations	bien rapportées	mal rapportées
	• Une prime qui correspond au 14e mois.	☐	☐
	• Le chiffre d'affaires a été supérieur aux prévisions.	☐	☐
	• Le collègue a été nommé directeur.	☐	☐
	• Il a été nommé en Chine.	☐	☐

6. Rapporter des paroles

Écoutez et complétez en utilisant un des verbes proposés au passé composé.

1. Elle m'…….. de ne pas sortir de chez moi et de soigner ma grippe. (*ordonner / conseiller / déconseiller*)
2. Il nous …….. de faire une promenade le long de la Seine. (*autoriser / suggérer / conseiller*)
3. Elle m'…….. pour mon travail. (*promettre / féliciter / critiquer*)
4. Il …….. ma façon de conduire. (*approuver / désapprouver / apprécier*)
5. Elle nous …….. à quitter le cours plus tôt que prévu. (*promettre / approuver / autoriser*)
6. Il l'…….. dans son bureau pour un entretien le concernant. (*autoriser / avertir / convoquer*)
7. Elle nous …….. qu'il fallait arriver à l'heure. (*interdire / prévenir / autoriser*)
8. Il les …….. de leur faire quitter la salle. (*menacer / conseiller / autoriser*)
9. Elle lui …….. de ne pas se coucher assez tôt. (*critiquer / reprocher / permettre*)
10. Il nous …….. sur sa nouvelle coiffure. (*demander un avis / féliciter / remercier*)

7. Construction des verbes du discours rapporté

Complétez en choisissant.

1. Elle n'a pas répondu …….. mon coup de téléphone.
   de   sur   à
2. J'ai été félicitée …….. la qualité de mon travail.
   pour   de   par
3. Il m'a mis au courant …….. son augmentation.
   sur   de   à
4. Elle m'a parlé …….. sa famille.
   de   pour   par
5. Elle m'a interrogé …….. mes relations.
   de   à   sur

8. Construction des verbes du discours rapporté

Complétez avec à ou de.

1. Elle m'a interdit …….. chanter quand il fait beau.
2. Il a cherché …….. vous prévenir.
3. Il lui a demandé …….. parler plus fort.
4. Il m'a déconseillé …….. aller voir ce film.
5. Ils m'ont invitée …….. présenter mon projet.
6. Ils l'ont menacé …….. le renvoyer.
7. Il m'a promis …….. venir à ma fête.
8. Il a demandé …….. changer de classe.
9. Elle m'a suggéré …….. prendre la route qui longe la mer.
10. Il lui a permis …….. s'absenter.

9. Donner des consignes par écrit

Reformulez les phrases sous une forme écrite.

Exemple : Tu passes chez le gardien et tu prends les clés.
→ Passer chez le gardien et prendre les clés.

1. Tu vas au supermarché et tu achètes un kilo de tomates.
   → ……………………………………………
2. Vous prenez la première à gauche et vous continuez tout droit.
   → ……………………………………………
3. Tu passes au garage et tu fais le plein.
   → ……………………………………………
4. Tu téléphones à huit heures et tu commandes une pizza.
   → ……………………………………………
5. Ce soir, vous fermez la boutique à 17 h et vous déposez l'argent à la banque.
   → ……………………………………………
6. Tu préviens Martine et tu lui transmets les nouvelles.
   → ……………………………………………
7. Tu arroses les plantes et tu sors le chien.
   → ……………………………………………
8. Tu attends le facteur et tu m'apportes le courrier.
   → ……………………………………………

Rapporter des intentions, des points de vue 71

10. Accord du participe passé avec être

Mettez les verbes au passé composé en respectant, quand c'est le cas, l'accord du participe passé.

1. Nos invités …….. à 3 h du matin, je dormais debout ! (*partir*)
2. Alors, les enfants, pourquoi vous …….. par la porte de derrière ? (*entrer*)
3 Mes amis allemands …….. en haut de la tour Eiffel à pied ! (*monter*)
4. Allô ? Sido ? Tu …….. hier soir ? C'était sympa ? (*sortir*)
5. Comme l'ascenseur était en panne, ma mère …….. à pied. (*descendre*)
6. Ils …….., se tenant par la main. (*arriver*)
7. Je lui ai dit qu'il était mignon, il …….. tout rouge ! (*devenir*)
8. Pierre n'a pas pris de vacances cette année, il …….. à la maison. (*rester*)

11. Accord du participe passé avec avoir

Mettez les verbes au passé composé en respectant, quand c'est le cas, l'accord du participe passé.

1. Où as-tu mis les clefs ? Je les …….. toute la matinée. (*chercher*)
2. Tu as vu ces fleurs ? C'est Katia qui me les …….. (*offrir*)
3. Elle voulait que je l'aide, je lui …….. des conseils. (*donner*)
4. Que devient Manu ? Ça fait trois mois que je ne l'…….. pas …….. (*voir*)
5. Claude, ton mari, t'…….. ce matin. (*appeler*)
6. Il est gentil ; il m'…….. ces boucles d'oreilles. (*acheter*)
7. J'ai vu le docteur, il m'…….. de me reposer. (*conseiller*)
8. Les enfants sont partis cette semaine, je les …….. chez mes parents. (*envoyer*)
9. Cette pièce de théâtre, je l'…….. à Broadway. (*voir*)
10. J'ai cherché ta montre partout et je ne l'…….. pas …….. (*trouver*)

12. Subjonctif

Conjuguez les verbes au subjonctif.

1. Nous avons une réunion à 8 heures demain. Il faut absolument que vous …….. à l'heure ! (*être*)
2. Quel bavard ! Il faut qu'il …….. à se taire, sinon il va avoir des problèmes ! (*apprendre*)
3. Je veux que tu …….. tes devoirs avant de sortir avec tes copines ! (*faire*)
4. Il est très important que vous …….. une solution, sinon, on ne peut démarrer le projet. (*trouver*)
5. Je préfère que tu …….. chez moi demain. (*venir*)
6. J'ai bien peur qu'elle n'…….. pas très bien. (*aller*)
7. Je regrette beaucoup qu'il ne …….. pas venir avec nous. (*pouvoir*)
8. Le professeur veut que je …….. à toutes les questions. (*répondre*)
9. J'irais volontiers avec toi, à condition que tu …….. bien te donner la peine de porter mon sac. (*vouloir*)
10. Je ne veux pas qu'il le …….. (*savoir*)

13. Les relatifs : qui et que

Complétez avec le relatif qui convient.

1. Je te recommande le film …….. on a vu hier.
2. J'ai vu le dernier film de Woody Allen …….. a eu beaucoup de succès en France.
3. Voilà la personne …….. tu voulais rencontrer.
4. C'est la photo …….. a fait le tour du monde.
5. Je vous présente le collègue …….. doit remplacer madame Perruche.
6. Marc, il y a une dame …….. veut te voir !
7. C'est le genre de musique …….. je ne supporte pas !
8. Les enfants …….. ont moins de 12 ans ont une réduction.
9. La personne …….. t'a appelé hier et …….. tu trouves sympathique, c'est mon mari.

14. Les relatifs : dont

Donnez la même information en une seule phrase en utilisant dont.

1. Le téléphone portable est une invention diabolique. Je ne peux plus m'en passer.

→ ....

2. Qui est cette personne ? Tout le monde en dit beaucoup de bien.

→ ....

3. Je vous recommande ce film. La musique de ce film est très belle.

→ ....

4. Je vous présente mon amie. Je vous en ai souvent parlé.

→ ....

5. C'est une belle histoire. Mais on ne connaîtra jamais la fin de cette histoire.

→ ....

6. C'est un chien méchant. Tout le monde a peur de lui.

→ ....

15. Les relatifs : qui, que ou dont ?

Complétez en choisissant.

1. Tu as vu la voiture .... a grillé le feu rouge ?

    que   qui   dont

2. Je suis allé voir le film .... on a parlé hier soir, il est super !

    que   qui   dont

3. Tiens, je te le rends, c'est le bouquin .... tu m'as prêté, il est nul.

    que   qui   dont

4. Tu as pris l'argent .... j'avais laissé sur la table ?

    que   qui   dont

5. C'est encore Évelyne .... a perdu aux cartes, hier soir !

    que   qui   dont

6. J'ai fait toutes les courses .... tu avais besoin.

    que   qui   dont

7. Oh, mais c'est un beau bouquet .... tu as fait là !

    que   qui   dont

8. Voici Giani, c'est l'ami .... je t'avais parlé.

    que   qui   dont

16. Gérondif

Exprimez la même idée sans utiliser le gérondif.

Exemple : Il a glissé en marchant sur une plaque de glace.

→ Il a glissé parce qu'il a marché sur une plaque de glace.

1. Tout en marchant, il pensait à ce qu'il allait décider.

→ ....

2. Il s'est coupé en voulant ouvrir une bouteille avec ses mains.

→ ....

3. Il s'est brûlé en renversant son café.

→ ....

4. En allant lentement, tu prendras moins de risques.

→ ....

5. En écoutant mon histoire, tu comprendras ma réaction.

→ ....

6. Je l'ai reconnu en croisant son regard.

→ ....

7. L'appétit vient en mangeant.

→ ....

8. Vous retrouverez votre forme en dormant bien.

→ ....

17. Gérondif

Transformez les phrases.

Exemple : Quand je suis arrivé, j'ai regardé dans la boîte aux lettres.

→ En arrivant, j'ai regardé dans la boîte aux lettres.

1. Ce n'est pas parce que tu pleures que tu vas obtenir tout ce que tu veux.

→ ....

2. Si tu téléphones à 19 heures, tu es sûr de lui parler.

→ ....

3. J'ai levé les yeux et je l'ai aperçu.

→ ....

4. Si tu marches vite, tu arriveras à l'heure.

→ ....

5. Je l'ai reconnu quand j'ai entendu sa voix.

→ ....

6. J'ai cherché partout et j'ai fini par trouver les clefs.

→ ....

7. Vous prenez la première à gauche et vous verrez tout de suite la maison.

→ ....

Rapporter des intentions, des points de vue

18. Les doubles pronoms

Complétez.

Exemple : Paul a pris ma voiture ce matin. Je **la lui** ai prêtée.

1. Ne m'achète pas le CD de Renaud pour mon anniversaire, Lucie …….. a déjà offert.

2. Je ne vais quand même pas …….. rendre. Il m'avait offert cette bague pour notre mariage.

3. Alors, toujours fâché avec Jérôme ? Tu …….. veux toujours de ne pas être venu au rendez-vous ?

4. Tu m'avais dit qu'on irait au cinéma, tu …….. avais même promis.

5. Pourquoi veux-tu acheter une robe ? Demande à Marie de …….. prêter une, elle en a plein son armoire.

6. Je vous laisse ces documents, madame Michel. Si vous voyez Lucile, n'oubliez pas de …….. donner.

7. Alors, tu …….. présentes, ton amoureux ? On est curieux de voir la tête qu'il a !

8. En sortant, laisse les clefs à la voisine. Si tu ne …….. laisses pas, je ne pourrai pas rentrer chez moi.

9. Yves m'a demandé si je pouvais lui prêter ma voiture. Je veux bien …….. prêter si tu m'assures qu'il est prudent.

10. Pendant les vacances, n'oubliez pas d'envoyer des lettres à vos parents. Si vous …….. envoyez une par semaine, ils seront rassurés.

19. Discours rapporté à l'écrit

Écoutez les trois enregistrements et transmettez le message…

1. que Marie va envoyer à ses parents ;

2. que Bruno va envoyer à ses amis ;

3. que Caroline va envoyer à sa sœur.

20. Discours rapporté à l'oral

Lisez puis transmettez l'information. Écoutez ensuite l'information qui a été transmise et comparez avec votre production.

Ma chère Fanny,

Je t'écris cette lettre, pour t'annoncer deux bonnes nouvelles : j'attends un bébé et j'ai trouvé un nouvel emploi. C'est plutôt dans l'ordre contraire que les choses se sont passées : j'ai d'abord trouvé un boulot, moins stressant que le précédent, et en plus, à temps partiel. Comme ça, je pourrai prendre quelques après-midi pour moi, et plus tard m'occuper du petit. J'ai trouvé ce travail grâce à Pierre, un ami d'enfance, qui travaille à la mairie. C'est un travail très intéressant d'animation dans les crèches. Je travaillerai avec les petits de 1 à 3 ans. Voilà pour la première nouvelle.

La deuxième, c'est le bébé. Jérôme n'avait pas envie d'un enfant tout de suite, mais, comme avec la réduction du temps de travail, il est plus disponible… Bref, c'est un enfant des 35 heures ! En fait, c'est Jérôme le plus heureux. Il passe son temps à faire des projets pour réaménager l'appartement. Il passerait bien toutes ses soirées à la maison. Mais moi, je veux continuer à voir les copains et les copines et à sortir.

Et toi, que deviens-tu ? Donne-moi de tes nouvelles.

Aline

PS. Je viens à Paris ce samedi. Ne le dis pas à Bruno. Je resterai trop peu de temps pour passer même cinq minutes avec lui.

PARCOURS →

3

À la fin de ce parcours, l'apprenant sera capable d'exprimer un sentiment ou une attitude de différentes façons, de donner des arguments de plus en plus précis pour convaincre. Il sera, en outre, capable d'organiser son discours à l'écrit et à l'oral.

Exposer, convaincre, argumenter, exprimer des sentiments

QUE D'ÉMOTIONS !

SÉQUENCE 9

DÉCOUVRIR

•Gestes et mimiques

Écoutez et associez un geste à chaque enregistrement.

b □

c □

a □

d □

g □

e □

f □

h □

● Sentiments

Écoutez et dites quel sentiment est exprimé.

l'inquiétude   ....

l'impatience   ....

la colère   ....

l'autosatisfaction   ....

le soulagement   ....

la jalousie   ....

la curiosité   ....

l'incrédulité   ....

l'émerveillement   ....

le dégoût   ....

la déception   ....

l'indifférence   ....

Grammaire / communication : différentes façons d'exprimer un sentiment, une attitude

1. Avec un nom :	**2. Avec un adjectif :**	**3. Avec un verbe :**
la nervosité	nerveux	s'énerver
l'inquiétude	inquiet	s'inquiéter
l'impatience	impatient	s'impatienter
J'ai senti chez lui une certaine **nervosité** quand nous avons évoqué son passé.	J'ai senti qu'il devenait **nerveux** à l'évocation de son passé.	Il **s'est énervé** quand nous avons évoqué son passé.

- On éprouve de la peine, de la sympathie, de la tristesse.
- On fait preuve de patience, de prudence, de discernement.

- On exprime son indignation, sa joie, sa colère.
- On manifeste de la pudeur, de la joie, de la tendresse.

● Exercice : exprimer un sentiment, une attitude

Complétez avec le mot ou l'expression qui convient.

1. Ils m'ont écouté sans bouger, pendant deux heures. J'ai été impressionné par leur ....

      impatience   patience   inquiétude

2. Dans sa lettre, il a tenu à .... Il trouvait que je n'avais pas choisi la bonne voie.

      exprimer son ambition   exprimer son désaccord   exprimer son accord

3. J'ai senti la tension monter et que tout le monde était ....

      calme   nerveux   attentif

4. Il .... tout ce qui l'entoure. C'est un grand sensible qui est très attentif aux autres.

      s'inquiéte de   se révolte contre   s'intéresse à

5. Il est toujours très content et en général il .... de ce qu'on lui propose.

      se résigne à   s'indigne de   se satisfait de

6. Je suis assez pessimiste quand je pense à tout ce qui arrive en ce moment dans le monde, tout cela m'........ beaucoup.

      inquiéte   impatiente   étonne

7. Je suis très contente de vous recevoir à la maison, cela me ....

      fait peur   fait honte   fait plaisir

Exposer, convaincre, argumenter, exprimer des sentiments

•Ce soir, j'attends Madeleine...

1. Écoutez le premier enregistrement et reformulez le dialogue en exprimant au choix, la colère, l'inquiétude, l'impatience ou la déception.

Dialogue témoin 1

– Qu'est-ce que tu fais là ?

– J'attends Madeleine. On avait rendez-vous à 8 heures.

– Mais il est presque 9 heures !

– Je ne m'inquiète pas. Elle habite à l'autre bout de Bruxelles. Le vendredi soir, il y a toujours beaucoup d'embouteillages.

2. Écoutez le deuxième enregistrement et reformulez le dialogue en exprimant au choix, la jalousie, une critique, la curiosité, la moquerie ou l'indifférence.

Dialogue témoin 2

– Quel beau couple ! Ils semblent tellement heureux !

– Oui, c'est beau l'amour !

3. Maintenant écoutez l'extrait de la chanson de Jacques Brel, *Madeleine*.

•La vie en rose ou en noir

Écoutez et dites ce que ressent chaque personne.

Chanson témoin 2

Noir, c'est noir,
il n'y a plus d'espoir...

Johnny Hallyday

Chanson témoin 1

Quand il me prend dans ses bras
Il me parle tout bas
Je vois la vie en rose...

Édith Piaf

1.	☐ curieuse	☐ indifférente
2.	☐ pessimiste	☐ optimiste
3.	☐ insensible	☐ émue
4.	☐ soulagée	☐ inquiète
5.	☐ satisfaite	☐ indignée
6.	☐ intéressée	☐ indifférente
7.	☐ émerveillée	☐ dégoûtée

Exercice : les sentiments

Écoutez et dites ce que ressent la personne qui parle.

1. Il est ....

2. Elle est ....

3. Ils sont ....

4. On était ....

5. Ils n'étaient pas / Ils étaient ....

6. Je suis ....

7. Elle est ....

8. Il est ....

9. Elles sont ....

10. Il est ....

Exposer, convaincre, argumenter, exprimer des sentiments

•Ça m'énerve !

Faites le test, puis lisez les résultats et commentez-les.

Test de personnalité

On vous propose d'aller à un ballet moderne, vous dites :
a) Je déteste les ballets.
b) La danse, ça m'ennuie.
c) J'adore la danse !

Votre fils / fille n'est pas de retour du cinéma à 11 heures :
a) Vous vous inquiétez.
b) Vous l'attendez en regardant la télévision.
c) Vous allez vous coucher.

Votre meilleur(e) ami(e) vient de divorcer :
a) Ça vous attriste.
b) Ça vous est égal.
c) Vous appelez son ex-mari / son ex-femme.

Votre ami(e) vous propose le mariage, vous lui dites:
a) Ça me fait peur.
b) Ça me fait plaisir que tu aies pensé à moi.
c) Quel jour ?

Votre train a une heure de retard :
a) Vous vous énervez.
b) Vous lisez votre journal en attendant.
c) Vous engagez la conservation avec d'autres voyageurs.

Le serveur s'est trompé dans l'addition :
a) Vous vous mettez en colère.
b) Vous le lui faites remarquer calmement.
c) Vous lui laissez la somme due, selon vous.

Le spectacle de la mer :
a) Ça vous excite.
b) Ça vous ennuie.
c) Ça vous détend.

On fête vos 95 ans :
a) Ça vous rend nerveux.
b) Ça vous attriste.
c) Ça vous fait plaisir.

■ Si vous avez une majorité de a)

Vous êtes plutôt un émotif ou une émotive. Un rien vous émeut, vous choque, vous énerve. Votre qualité, c'est votre grande sensibilité qui vous permet de partager les sentiments des autres. Votre défaut, c'est votre grande émotivité qui crée parfois des malentendus.

■ Si vous avez une majorité de b)

Vous êtes plutôt du genre indifférent. Il en faut beaucoup pour vous émouvoir. Vous avez décidé que les émotions ne vous domineraient pas et vous vous contrôlez dans la plupart des situations. Vous laissez parfois parler vos émotions, mais dans de rares occasions.

■ Si vous avez une majorité de c)

Vous êtes quelqu'un de pratique et réaliste. Vous prenez en général les choses du bon côté, même si cela peut parfois choquer. On fait appel à vous en cas de problème et vous savez toujours trouver une solution.

On vous considère comme un « boute-en-train », mais quand on vous connaît bien, on sait que cette légèreté cache une personnalité très complexe.

•Critiques de livres

Classez les critiques des livres dans trois rubriques.

1. Au bout de la deuxième page, tout est dit, la suite de l'histoire se déroule de façon trop convenue, les personnages sont ternes et sans relief. On s'attendait pourtant à beaucoup mieux de cet auteur.

2. Encore une histoire de couple qui se déchire. Lui prend une maîtresse, elle, un amant. Quoi de plus banal dans la comédie humaine, et pourtant, le sujet est traité avec humour et finesse et il faut reconnaître à l'auteur un vrai talent.

3. On ne peut que partager l'enthousiasme des lecteurs pour ce livre qui est en soi une petite merveille qui se lit facilement et qui vous laisse un souvenir inoubliable.

4. Mon fils m'a recommandé le dernier album d'un auteur qui est plus connu pour avoir écrit des scénarios de film. J'ai été, dès le départ, fasciné par la façon qu'a cet écrivain dessinateur de suggérer des lieux, des êtres sortis de son imagination et que l'on pourrait rencontrer au coin de la rue. On ne peut que tomber sous le charme de ce récit en images.

5. Ceux qui aiment les drames historiques seront déçus par ce roman dont l'intrigue se déroule à une époque qui n'a pas été une des plus glorieuses de notre histoire. On peut s'étonner que l'auteur ait fait un tel choix.

6. Ce n'est pas un roman, c'est une pièce de théâtre et nous sommes heureusement surpris de découvrir que l'auteur a un sens inné des dialogues qui sont très drôles. Le premier acte est prometteur, mais les autres ne sont pas à la hauteur de ce qu'on attendait après ce début. Cette pièce est malgré tout à lire ; elle possède les qualités et les défauts d'une première œuvre.

	on aime beaucoup	on aime un peu	on n'aime pas
1.	☐	☐	☐
2.	☐	☐	☐
3.	☐	☐	☐
4.	☐	☐	☐
5.	☐	☐	☐
6.	☐	☐	☐

COMPRENDRE ÉCRIRE

•Votre critique

Écoutez l'enregistrement et rédigez, pour le journal local, rubrique *Littérature*, une critique du livre en quatre à cinq lignes.

Dumas
Le Comte de Monte-Cristo I
Préface de Jean-Yves Tadié

folio classique

Exposer, convaincre, argumenter, exprimer des sentiments

•Les fruits de la passion

Écoutez et choisissez, dans la liste, ce qui caractérise chaque personne.

- la générosité
- la patience
- la tolérance
- la gaieté
- la volonté
- la gentillesse
- le calme
- l'inquiétude
- la passion
- l'attention

- l'égoïsme
- l'impatience
- l'intolérance
- la tristesse
- la résignation
- la méchanceté
- la nervosité
- l'insouciance
- la froideur

Et vous ? Qu'est-ce que vous appréciez le plus / supportez le moins chez les autres ?

Grammaire / communication : des procédés de mise en relief

ce qui / ce que ... c'est + **nom**

ce qui / ce que ... c'est + **verbe à l'infinitif**

Ce que j'apprécie le plus, c'est **sa gentillesse**.

Ce que j'aime par-dessus tout pendant les vacances, c'est vraiment ne rien **faire** du tout.

• Cette formulation, souvent utilisée à l'oral, sert à mettre en relief des éléments dans un discours.

On peut dire : Cette fille est très gaie.

ou mettre en relief ce qui est dit en utilisant

ce qui / ce que ... c'est ... :

Ce qui m'attire le plus, chez cette fille, c'est sa gaieté.

• Cette formulation permet d'exprimer avec précision une opinion, un sentiment sur un sujet évoqué.

Ce que j'adore, déteste, préfère, redoute…

Ce qui me révolte, m'énerve, me plaît, me surprend…

Remarque : on utilise chez pour des personnes, généralement avec un adjectif possessif.

Ce que j'apprécie chez lui, c'est **son** humour.

Ce qui m'attire chez elle, c'est **sa** simplicité.

Ce qu'elle adore chez les enfants, c'est **leur** franchise.

•Exercice : ce qui ... c'est / ce que ... c'est

Reformulez les phrases suivantes en utilisant ce qui ... c'est **/** ce que ... c'est.

Exemple : J'apprécie beaucoup sa générosité. → Ce que j'apprécie, c'est sa générosité.

1. Sa patience m'étonnera toujours. → ....

2. Je ne supporte pas sa façon d'intervenir à tout moment. → ....

3. C'est quelqu'un de très disponible et tout le monde lui reconnaît cette qualité. → ....

4. Je ne supporte pas les séries à la télévision. → ....

5. J'adore mes cousins, ils ont un humour incroyable ! → ....

6. Je ne supporte pas de ne pas avoir de ses nouvelles. → ....

7. L'égoïsme de Manon m'irrite énormément. → ....

8. J'apprécie beaucoup l'esprit de tolérance de ce collègue. → ....

LE POUR ET LE CONTRE

SÉQUENCE 10

OBJECTIFS

SAVOIR-FAIRE
• argumenter, convaincre
GRAMMAIRE
• l'expression de l'accord et du désaccord
• l'expression de l'opposition
ÉCRIT
• écrire une lettre argumentée
CULTURES
• l'enseignement en France

DÉCOUVRIR

• Oui, mais...

Écoutez la conversation, identifiez les arguments exprimés par chaque personne et associez chaque image avec un argument.

Dialogue témoin

– Alors, il est beau, mon tapis ?

– Oui, il est beau, mais il est cher, très cher...

a ....

b ....

c ....

d ....

e ....

f ....

g ....

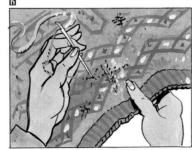

h ....

i ....

Exposer, convaincre, argumenter, exprimer des sentiments

•En France ou à l'étranger ?

**Lisez les annonces, écoutez les conversations
puis dites quelles vacances ce couple a choisies.**

Dialogue témoin

– Dans un mois, on a une semaine de vacances ! Qu'est-
ce que tu veux faire cette année ? Mer, campagne ou
montagne ? ou encore des vacances sportives : du
bateau, du canoë, de la marche à pied ?

– De la marche à pied, je veux bien, mais les pieds dans
l'eau, au bord de la plage... Comme l'année dernière et
comme d'habitude, j'ai besoin de soleil et d'exotisme...

Exotisme

*Pas besoin de passer la frontière pour se retrouver en plein exotisme.
Tour-Club vous réserve bien des surprises ! Un soleil « tropical », de
merveilleuses plages de sable fin, une mer pure et transparente dans
laquelle nagent des poissons de toutes les couleurs, des paillotes sur la
plage et même des cocotiers ! Vous en avez rêvé, Tour-Club vous y
emmène ! La Corse du Sud, c'est l'exotisme à la française !*

700 euros (vol aller-retour, 7 nuits d'hôtel **)

**Grammaire / communication :
argumenter avec des mots simples**

• **mais**

– Ça te plaît ?

– Oui, c'est beau mais c'est cher.

J'adore les massages ! Ça fait mal mais ça soulage.

• **trop / pas assez + adjectif**

Ce pantalon ne me va pas, il est trop **grand**.

Mon café n'est pas assez **chaud**, tu peux le réchauffer ?

• **trop de / pas assez de + nom**

On s'en va ? Il y a trop de **monde**, ça me fatigue.

Tu peux payer ? Je n'ai pas assez d'**argent**.

• **même / même pas de**

Regarde comme c'est joli, ici. Il y a même une **terrasse** !

– Il est bien ton club de sport ?

– Non, il n'y a même pas de piscine.

• **quand même**

– C'est agréable ici, mais il n'y a pas de chauffage.

– Non, mais il y a quand même une cheminée.

*Hôtel de charme,
vacances de rêve*

*Bronzez sous les tropiques ! Vous avez rêvé toute
l'année de sable blanc et de cocotiers ? Tour-Club
vous propose huit jours inoubliables, dans un
charmant hôtel colonial Les pieds dans l'eau, au
bord d'une des plus belles plages du monde !
Laissez-vous séduire par la douceur des Caraïbes,
la cordialité de ses habitants et la diversité de son
artisanat. L'exotisme est à portée de main,
fabriquez-vous des souvenirs !*

1 300 euros (vol aller-retour, 7 nuits d'hôtel ***)

• Alors, tu te décides ?

Écoutez. Dans chaque dialogue, deux arguments ont été utilisés, lequel a été le plus convaincant ?

dial. témoin	la superficie	☐
	la localisation	☐
2.	le prix	☐
	les plats	☐
3.	la coupe	☐
	la couleur	☐
4.	les fêtes de Noël	☐
	le climat	☐
5.	le salaire	☐
	l'ambiance	☐

Dialogue témoin

– Alors, vous avez trouvé un appartement ?

– Presque. On a visité une vingtaine d'appartements, mais il n'y en a que deux qui nous plaisent vraiment.

– Qu'est-ce qui va faire la différence, le portefeuille ?

• Exercice : argumenter

Complétez en choisissant.

1. Tu n'as pas …….. froid ?	trop	trop de
2. C'est …….. petit pour moi, vous n'avez pas la taille au-dessus ?	trop de	trop
3. – C'est bon ? – Oui, mais ce n'est pas …….. salé.	assez	trop
4. On s'installe ici ? Il n'y a pas …….. monde.	assez de	trop de
5. Je n'y vois rien, il n'y a pas …….. lumière.	trop de	assez de

Exposer, convaincre, argumenter, exprimer des sentiments

•Entre les deux mon cœur balance...

Mariez-les ! Ils sont faits l'un pour l'autre : qui sont-ils ?

Donnez un maximum d'arguments personnels en vous aidant des descriptifs et des tableaux.

■ **Jean-Charles de Rostand**

38 ans

Chef d'entreprise

Né à Limoges

Famille : 1 frère et 1 sœur

Sportif (tennis, golf, surf)

Aime les croisières, les casinos.

A beaucoup d'humour.

A une grande culture générale, surtout scientifique.

S'intéresse à la politique et est plutôt de droite.

SIGNES DISTINCTIFS : porte des lunettes.

■ **Pierre Delacampagne**

36 ans

Agriculteur

Né à Périgueux

Grande famille : 6 frères et sœurs

Sportif (football, chasse, équitation)

Aime les soirées entre amis, les fêtes.

A une très belle voix et chante très bien.

Passionné de biologie.

Vote pour le parti écologiste (les Verts).

SIGNES DISTINCTIFS : a une cicatrice au front.

■ **Sabrina Van Rossum**

24 ans

Étudiante (architecture)

Née à Lyon

Fille unique

Sportive (baby-foot, marche à pied)

Aime le cinéma, les fêtes, les sorties en boîte de nuit.

Joue de la guitare et compose des chansons.

Passionnée par l'architecture Maya.

N'a jamais voté.

SIGNES DISTINCTIFS : a un tatouage en forme de cœur sur l'épaule.

■ **Judith Delanoé**

29 ans

Comédienne (chômage)

Née à Dakar

1 sœur jumelle

Pas très sportive

Aime lire et apprendre ses rôles dans les cafés.

Connaît toutes les danses et danse très bien.

A une grande culture générale, surtout littéraire.

Plutôt de gauche.

SIGNES DISTINCTIFS : porte des lentilles de contact.

Grammaire / communication
Argumenter : l'opposition

• **au contraire / contrairement à**

Moi, j'aime le théâtre et Jacques, au contraire, a horreur de ça.

Contrairement à ce que tout le monde pense, je suis en excellente santé.

• **par contre** (s'utilise comme **mais**)

Elle est ravissante cette robe, par contre elle est beaucoup trop grande pour toi.

• **en revanche** (s'utilise pour proposer une autre solution ou pour contrebalancer une information négative)

Désolé, nous n'avons plus de sole meunière, en revanche, je peux vous proposer le plat du jour : une truite aux amandes.

Il n'a rien mangé à midi, en revanche, le soir, il a tout dévoré.

Exprimer une opinion

Je pense que...	Je trouve que...	Je crois que...	Je considère que...	Je tiens à vous dire que...
D'après moi,...	À mon avis,...	Je suis sûr(e) que...	Je suis persuadé(e) que...	Il me semble que...

Entretiens

**Écoutez le début des deux entretiens.
Dites lequel des deux candidats
correspond le plus au candidat recherché
et expliquez la raison de votre choix.**

SPONMEX SOCIETE

nous recherchons pour notre filiale à Mexico

Un Chef de Projet

Le candidat devra :
Animer et encadrer une équipe de 20 personnes.
Mettre en place et développer le réseau des filiales.
Planifier et réaliser des actions de promotions.

Profil souhaité :
Une bonne connaissance du domaine de la distribution.
Une bonne expérience de l'animation d'équipe
et du développement de réseau.
Un sens développé de l'organisation.
Une maîtrise parfaite de l'anglais et de l'espagnol.

La formation requise est bac +3.
Un diplôme de Commerce international est souhaité.

Grammaire / communication
Argumenter : l'opposition

On peut donner des arguments en reliant entre eux deux
faits qui, à l'origine, ne semblent pas complémentaires.

• **malgré** + nom

Il a déjà une grande expérience professionnelle, malgré son
jeune âge.

Il a gagné la course malgré un énorme handicap.

• **(et) pourtant** + phrase

Elle parle trois langues étrangères, pourtant elle n'a jamais
quitté son pays.

Elle a de bonnes connaissances commerciales, pourtant, à
l'origine, c'était une littéraire.

• **en dépit de**

Il est sorti hier soir en dépit de mon interdiction.

Il a agi en dépit du bon sens. (= Il a fait n'importe quoi.)

• **même si**

Je sortirai même si tu me l'interdis.

On peut dîner ensemble, même si tu sors très tard du bureau.

• **cependant**

Il a travaillé un an en Russie, cependant il n'en a pas profité
pour apprendre le russe.

Exercice : l'opposition (1)

Complétez en choisissant.

1. Malgré …….., il fait encore de la course à pied.
   son grand âge
   sa femme
   ses petits pieds

2. Je n'y vois rien, et pourtant ……..
   il fait nuit
   l'électricité est en panne
   la lumière est allumée

3. Ils sont partis en voiture, en dépit ……..
   de leur voiture neuve
   de la course automobile *Les Vingt-Quatre
   heures du Mans*
   des conseils de prudence de Météo-France

4. Je passerai vous voir cet après-midi, malgré ……..
   la grève de métro
   ma disponibilité
   votre absence

5. Téléphone-moi, même ……..
   si je ne suis pas là
   si tu n'as pas de téléphone
   s'il est tard

6. Je n'aime pas les appareils photo jetables, même ……..
   s'ils font de bonnes photos
   s'ils font de mauvaises photos
   si je n'aime pas les photos

Exposer, convaincre, argumenter, exprimer des sentiments

•On aime ou on n'aime pas

Lisez les témoignages, dites d'abord qui est prêt à faire ce métier, puis cochez les cases qui correspondent aux arguments de chacun.

Enseignant, un métier d'avenir ?

Les élèves des classes de terminale d'un lycée parisien ont donné leur avis sur le métier d'enseignant. Cette enquête montre que les valeurs de la jeune génération diffèrent un peu de celles de leurs parents, surtout en ce qui concerne le salaire et le temps libre.

-------- TÉMOIGNAGES --------

Magalie, 17 ans, terminale A : On pense que le métier de prof est de tout repos : 18 heures de cours par semaine et beaucoup de vacances, mais c'est complètement faux. Ma mère est prof de maths. Elle se bat toute la journée pour motiver ses élèves. À la maison, elle corrige des copies jusqu'à très tard le soir, et le week-end, elle prépare ses cours. Alors, 18 heures, laissez-moi rire ! On est aux 35 heures, et elle, elle en fait au moins 50 ! Très peu pour moi !

Awa, 17 ans 1/2, terminale S : Quand j'étais petite, je voulais être institutrice, mais maintenant, je fais une terminale scientifique et je vais continuer en math sup. et math spé., si j'y arrive. Mais ce n'est pas pour être prof, ou alors prof à la fac, parce que en collège ou lycée, c'est trop monotone, on doit s'ennuyer à toujours répéter la même chose à des gosses que ça n'intéresse pas vraiment.

Sabrina, 17 ans, terminale A : Après le bac, je compte faire une licence d'anglais, puis passer les concours de l'Éducation nationale, le CAPES et peut-être l'agreg. J'ai toujours eu envie d'être prof, pour le contact avec les ados, c'est enrichissant, et puis aussi pour les vacances. Quand tu es prof, tu es en vacances en même temps que tes enfants, c'est super !

Benoît, 18 ans, terminale G : Prof, c'est la galère, un travail de dingue pour un salaire pas franchement confortable. Moi, je veux gagner plus, c'est pour ça que je ferai des études d'informaticien, je veux travailler dans les images 3D, l'animation au cinéma, les effets spéciaux, j'adore ça, et sans me vanter, je suis doué.

Henri, 18 ans, terminale S : Je suis d'une famille rurale, moi, j'ai grandi à la campagne. À l'école, il n'y avait qu'une seule classe, on était tous regroupés. L'instituteur faisait la classe aux petits, il leur apprenait à lire pendant que nous, les grands, on faisait autre chose. J'ai gardé un très bon souvenir de cette école et de mon instit, pourtant il était très exigeant, sans doute parce qu'on n'était pas nombreux. Malgré ça, je n'ai pas envie d'enseigner ; je trouve qu'il faut vraiment avoir la vocation, et ce n'est pas mon cas, j'ai envie d'être vétérinaire et de retourner vivre dans mon village.

Marie, 17 ans, terminale A : On dit qu'il n'y a pas de plus beau métier ! Avec toubib, bien entendu. Ça ne me déplairait pas. J'aimerais gagner un peu plus d'argent, mais après tout, quand on aime son métier, c'est le principal. J'hésite encore. Je me déciderai après le bac.

	Magalie	Awa	Sabrina	Benoît	Henri	Marie
Le métier de prof est répétitif.	☐	☐	☐	☐	☐	☐
Il vaut mieux être prof à la fac qu'au lycée.	☐	☐	☐	☐	☐	☐
Ce métier n'est pas très bien payé.	☐	☐	☐	☐	☐	☐
C'est le plus beau métier du monde.	☐	☐	☐	☐	☐	☐
Pour être prof, il faut vraiment être motivé.	☐	☐	☐	☐	☐	☐
Un prof a beaucoup de vacances.	☐	☐	☐	☐	☐	☐
C'est un métier de fou.	☐	☐	☐	☐	☐	☐
Le contact avec les jeunes apporte beaucoup.	☐	☐	☐	☐	☐	☐
Un prof a beaucoup de travail à la maison.	☐	☐	☐	☐	☐	☐

Et vous ? Que pensez-vous de ce métier ?

LIRE ÉCRIRE

• Molière ou rien !

Choisissez six arguments dans la liste (trois pour le père et trois pour la mère) et rédigez la lettre qu'une mère envoie à sa fille qui est « montée à Paris » pour devenir comédienne. Utilisez les mots qui permettent d'exprimer une opinion et une argumentation.

- Les artistes meurent de faim.
- Comédien, c'est un très beau métier.
- C'est un métier d'adulte pour un rêve d'enfant.
- Passe ton bac d'abord !
- Les comédiens participent à la culture de leur pays.
- Le père de Molière ne voulait pas non plus que son fils devienne comédien.
- Peu d'acteurs réussissent à gagner leur vie.
- Ton père veut te couper les vivres.
- Avocate, c'est mieux, non ?
- Les acteurs font rêver les gens.
- Ta grand-mère était très comédienne.
- J'ai confiance en toi.
- Cultive-toi d'abord !
- Lis et relis les grands classiques.
- Tu n'as jamais réussi à apprendre par cœur une fable de La Fontaine !

- Le travail est la clé de la réussite.
- Tu joues très bien la comédie à la maison.
- Beaucoup d'appelés pour peu d'élus.
- Le théâtre, c'est comme le sport, il faut commencer très jeune.
- Nous n'avons pas les moyens de te payer des études pas sérieuses.
- Tu vas faire de mauvaises rencontres.
- Tu vas rencontrer des gens extraordinaires.
- Moi aussi je voulais être actrice, mes parents n'ont pas voulu, résultat, je suis frustrée.
- Dans cette profession, il n'y a pas qu'actrice qui est bien, il y a tout plein d'autres métiers.
- Tu pourrais faire des études plus raisonnables, puis te marier et avoir des enfants.
- La vie de famille ne rime pas avec cette profession.

Exposer, convaincre, argumenter, exprimer des sentiments

• Vous avez la parole !

Choisissez le thème qui vous plaît et, à l'aide des arguments de la liste ou de vos propres arguments, donnez votre opinion personnelle.

| Pour ou contre les téléphones portables ? | Pour ou contre la télévision dans la chambre ? | Pour ou contre la sieste après le déjeuner ? |

FAVORABLE

- On peut me joindre n'importe où.
- Pas besoin de chercher un téléphone public.
- Je peux appeler de n'importe où.
- J'ai enregistré tous mes amis sur mon répertoire.
- Ça me sert de réveil quand j'ai oublié le mien.

- Ça me permet de m'endormir sans problème.
- Ça me calme après une journée de travail.
- Plus besoin d'aller au cinéma.
- J'ai les nouvelles du monde directement dans mon lit.

- Dix minutes de sommeil, et hop, ça repart !
- C'est recommandé par les médecins.
- Ça me détend.
- C'est bon pour la mémoire, il paraît.
- Après, je peux tenir jusqu'à minuit.
- J'adore ça !

DÉFAVORABLE

- C'est assez cher.
- Les gens téléphonent même au restaurant, c'est désagréable.
- J'aimais mieux écrire un petit mot, aujourd'hui, on ne s'écrit plus.
- Ça ne sert à rien, il y a des téléphones publics partout dans la rue.
- Je ne veux pas qu'on puisse me joindre n'importe quand.

- Il vaut mieux lire un bon livre le soir pour s'endormir.
- Si on dort à deux, l'autre ne veut jamais regarder le même programme.
- Ça m'énerve et après, je dors mal.
- Je m'endors avec la télé allumée et ça me réveille dans la nuit.

- Après, je n'arrive pas à me réveiller.
- C'est très mauvais pour la santé.
- Le soir, je ne peux plus m'endormir, je n'ai plus sommeil.
- C'est interdit par mon patron.
- On prend des mauvaises positions et quand on se réveille, on a mal partout.

• Exercice : l'opposition (2)

Complétez en choisissant.

1. Elle est sortie …….. l'orage.
   pourtant   cependant   malgré

2. Désolée, mais c'est …….. moi que vous avez un problème.
   grâce à   en dépit de   à cause de

3. Je passerai ce soir, …….. il est un peu tard.
   même s'   malgré   en dépit de

4. Ils ont continué à faire du bruit …….. mes avertissements.
   pourtant   en dépit de   grâce à

5. Il est allé travailler …….. sa grippe.
   pourtant   à cause de   malgré

6. Je t'aime, …….. tu ne m'aimes pas.
   même si   malgré   en dépit de

7. Je prendrai du foie gras, …….. ça me fait du mal.
   et pourtant   à cause   malgré

8. …….. sa grande habitude de la voiture, il a roulé toute la nuit sans problème.
   même si   malgré   grâce à

9. Il est bon, ton rôti, …….. il est trop cuit.
   malgré   pourtant   à cause

10. Il est incompétent, …….. il a été engagé.
   malgré   à cause   pourtant

REPRISE/ ANTICIPATION

•Questions pour un champion

OBJECTIFS

SAVOIR-FAIRE
• repérer et indiquer
  la chronologie d'un discours
GRAMMAIRE
• passif
• nominalisation
• antériorité / postériorité
• les indicateurs
  chronologiques
LEXIQUE
• expressions de temps
• appréciation positive
  ou négative
ÉCRIT
• indiquer
  la chronologie d'un discours

1. Répondez aux questions.

Questions

1. Quel est le pays qui a gagné pour la cinquième fois la Coupe du monde de football en 2002 ?
2. Quel est le film dont tout le monde a parlé en 2002 et qui a eu un grand succès dans le monde entier ?
3. Quelle est l'actrice qui a joué dans le film *Jules et Jim* dont le metteur en scène est François Truffaut ?
4. Quel est l'événement dont on a fêté le bicentenaire en 1989 ?
5. Comment s'appelle le comique et l'acteur que les Français regrettent beaucoup ?
6. Quelle est la ville qui est le siège du Conseil de l'Europe ?
7. Quel est le livre dont l'auteur est un des plus grands écrivains français ?
8. Quel est le pays dont la forme ressemble à une botte ?

Réponses

a. La Révolution française.
b. L'Italie.
c. Coluche.
d. *Les Misérables.*
e. Strasbourg.
f. Jeanne Moreau.
g. *Le fabuleux destin d'Amélie Poulain.*
h. Le Brésil.

2. Formulez les questions.

• **Pays ?**   Sa monnaie est la livre sterling.
• **Ville ?**   Accueille les Jeux Olympiques de 2004.
• **Monument ?**   Le plus visité de France.
• **Avion ?**   Relie Paris à New York en 3 heures.

• **Gâteau ?**   Les Français l'achètent pour le jour de l'Épiphanie (en janvier).
• **Nom ?**   Le plus fréquent en France.
• **Région ?**   Sa spécialité est la choucroute.

Exercice : les pronoms relatifs

Complétez les phrases.

1. C'est le film .... tout le monde parle et .... tu dois absolument aller voir.
2. C'est une personne .... je vous recommande et .... on dit le plus grand bien.
3. Si tu veux, je te présente la jeune femme .... se trouve à la droite de Pierre. C'est quelqu'un .... j'ai connu quand j'étais en Pologne et .... je rencontre souvent dans des fêtes.
4. Je voudrais échanger les places .... j'ai achetées pour le concert de ce soir contre deux places pour le concert .... a lieu jeudi prochain.
5. C'est un film .... je ne connaîtrai jamais la fin. Dommage, il paraît que c'est la fin .... est la plus intéressante.
6. Nous sommes allés voir une pièce de théâtre .... on nous avait dit le plus grand bien mais .... nous a beaucoup déçus.
7. Je lui ai acheté le film .... il voulait et .... on entend la musique sur toutes les radios.
8. Devinez le cadeau .... on m'a offert et .... tout le monde rêvait ! Un voyage à dos de chameau pendant un mois dans le désert marocain !

•Nuit de pleine lune

Écoutez l'enregistrement et dites lequel des deux comptes rendus correspond le mieux à ce qui a été dit.

1

Saint-Martin-des-Champs, le 1ᵉʳ août
Le commissaire Magret a enquêté le 30 juillet sur des vols qui ont eu lieu dans la ferme des Deschamps. L'avant-veille, madame Deschamps avait entendu des bruits bizarres, mais n'avait rien trouvé de suspect, alors que la lune éclairait sa ferme comme en plein jour. Ce n'est que le lendemain qu'elle a découvert qu'une partie de ses animaux avait disparu… Tous envolés, même les cochons.
Le plus étrange, c'est que la semaine précédente, des chevaux avaient disparu de la ferme des Dujardin.
Le commissaire est sur une piste.

2

Saint-Martin-des-Champs, le 1ᵉʳ août
Le commissaire Magret enquête sur des vols qui ont eu lieu dans la ferme des Deschamps le soir de la pleine lune. Selon le témoignage de madame Deschamps, la veille du vol, elle avait entendu des bruits bizarres dans sa ferme, mais n'y avait pas prêté attention. Ce n'est que le surlendemain qu'elle s'est aperçue de la disparition de ses animaux.
Le commissaire est sur une piste, des chevaux ayant disparu d'une ferme voisine la semaine suivante.

Les expressions de temps

Par rapport au moment où l'on parle		Par rapport à un autre moment	
avant-hier	l'année dernière	l'avant-veille	l'année précédente
hier	le mois dernier	la veille	le mois précédent
aujourd'hui	la semaine prochaine	ce jour-là	la semaine suivante
demain	l'année prochaine	le lendemain	l'année suivante
après-demain	le mois prochain	le surlendemain	le mois suivant
cette semaine	dans deux jours	cette semaine -là	deux jours plus tard
la semaine dernière		la semaine précédente	

•Exercice : hier ou la veille ?

Complétez les phrases.

1. Quand je l'ai vu lundi dernier, il semblait en pleine forme. …….., il était à l'hôpital.

   Demain   Le lendemain

2. Ils ont commencé les travaux en septembre. …….., tout était terminé.

   Le mois suivant   Le mois prochain

3. Ils se sont mariés en septembre 2001. Ils s'étaient rencontrés à l'université ……..

   l'année dernière   l'année précédente

4. Je préfère qu'on se rencontre dans quinze jours. …….., je ne suis pas libre.

   La semaine prochaine   La semaine suivante

5. Je ne peux pas cette semaine. Si vous voulez, on se voit ……..

   la semaine suivante   la semaine prochaine

6. Ce jour-là, j'étais fatigué car …….. j'avais fait 50 km à vélo.

   hier   la veille

7. Le lundi, j'ai visité Milan, …….. Florence et …….., Rome.

   demain   le lendemain
   après-demain   le surlendemain

8. Quand je suis arrivé il pleuvait, mais …….., le soleil est revenu.

   dans deux jours   deux jours plus tard

9. Demain, c'est impossible. Je passe chez toi ……..

   après-demain   le lendemain

10. Je suis en 3ᵉ année. …….., j'aurai terminé mes études.

    L'année suivante   Dans un an

• Retrouvez le fil de l'histoire

Écoutez et remettez les vignettes dans l'ordre chronologique. Reformulez les deux histoires avec vos propres mots.

Dialogue témoin

J'étais avec Paul à une terrasse de café, hier après-midi, vers trois heures. On bavardait tranquillement quand le téléphone a sonné...

Histoire **1**

a ....

b ....

c ....

d ....

Histoire **2**

a ....

b ....

c ....

d ....

Au Zénith

le 10/11/02 à 23 h

e ....

Tempos Locos

La Cigale/3 décembre/20 H.

f ....

DU MUGUET TOUTE L'ANNÉE

Exposer, convaincre, argumenter, exprimer des sentiments

Tout d'abord...

Écoutez et dites s'il s'agit du début, du milieu ou de la fin d'un discours. Quelle est l'expression utilisée ?

■ *Je commencerai par vous expliquer pourquoi je suis devenu poète. Ce sera un peu l'histoire de ma vie...*

■ *Je poursuivrai par la lecture de quelques-unes de mes œuvres...*

■ *Pour terminer, vous pourrez me poser toutes les questions que vous souhaitez.*

	expression utilisée	début	milieu	fin
1.	....	☐	☐	☐
2.	....	☐	☐	☐
3.	....	☐	☐	☐
4.	....	☐	☐	☐
5.	....	☐	☐	☐
6.	....	☐	☐	☐
7.	....	☐	☐	☐

Exercice : indiquer la chronologie

Complétez en choisissant.

1. Pour ...., je vous présenterai les avantages du système, ..., je parlerai des inconvénients.

    terminer   commencer   finir

    en premier   ensuite   d'abord

2. Non, il ne faut pas appuyer sur le bouton rouge ...., il faut .... brancher la prise !

    en dernier   en premier   pour finir

    pour terminer   ensuite   d'abord

3. .... d'aller chercher la voiture au garage, va retirer de l'argent au distributeur.

    après   avant   quand

4. Mesdames et messieurs, ... de mon discours, je vous souhaite à tous une bonne soirée !

    après   avant   en conclusion

5. Tout d'abord tu cadres bien le sujet, ensuite, tu vérifies le flash, ... tu prends la photo.

    en premier   deuxièmement   enfin

•Futurs

Écoutez et dites dans quel ordre les événements vont se produire.

COMPRENDRE

Dialogue témoin

– Allô, maman, c'est Christiane. Arrête de me téléphoner tous les matins ! Ce matin, le patron est passé dans mon bureau et il m'a dit que je passais trop de temps au téléphone.

– Mademoiselle Jacquet, quand vous aurez fini de bavarder au téléphone, vous passerez à mon bureau !

– Maman ! je raccroche ! Je te rappelle plus tard !

dial. témoin	....	Bavarder au téléphone.
	....	Passer dans le bureau du patron.
1.	....	Rentrer.
	....	Finir le ménage.
2.	....	Ranger la chambre.
	....	Regarder la télévision.
3.	....	Faire des études de médecine.
	....	Passer son bac.
4.	....	Arrivée à l'hôtel.
	....	Téléphoner.
5.	....	Manger.
	....	Payer l'addition.
6.	....	Se taire.
	....	Répondre.

Grammaire / communication : le futur antérieur

• **Formation**

Avec être ou avoir au futur + participe passé.

je	serai	arrivé(e)		j'	aurai	fini
tu	seras	arrivé(e)		tu	auras	fini
il / elle	sera	arrivé(e)		il / elle	aura	fini
nous	serons	arrivé(e)s		nous	aurons	fini
vous	serez	arrivé(e)s		vous	aurez	fini
ils / elles	seront	arrivé(e)s		ils / elles	auront	fini

• **Emploi**

Le futur antérieur permet d'indiquer qu'une action (1) se déroulera dans le futur avant une autre action (2).

Quand vous **aurez changé** l'huile (1), est-ce que vous **pourrez** vérifier les freins (2) ?

Je te **téléphonerai** (2) quand on **sera arrivé** (1) !

Exposer, convaincre, argumenter, exprimer des sentiments

95

● C'est l'heure du bilan

Écoutez les dialogues et identifiez les formes verbales utilisées.

Dialogue témoin

Allô, Élodie ! C'est Julien. Désolé pour le retard ! Je viens juste d'arriver à Lyon ; il y avait des embouteillages sur l'autoroute. Alors j'ai pris les petites routes, mais je me suis trompé de direction parce que j'avais oublié mes cartes routières à la maison. Pour le moment, je prends un café à Pézenas. Je vais reprendre la route dans cinq minutes. Je te retéléphonerai quand je serai arrivé à Béziers. Je devrais être chez toi vers deux heures. J'aurais dû prendre le train !

	dial. témoin	1.	2.	3.	4.
présent	☐	☐	☐	☐	☐
passé composé	☐	☐	☐	☐	☐
passé récent	☐	☐	☐	☐	☐
imparfait	☐	☐	☐	☐	☐
plus-que-parfait	☐	☐	☐	☐	☐
futur	☐	☐	☐	☐	☐
futur avec *aller*	☐	☐	☐	☐	☐
futur antérieur	☐	☐	☐	☐	☐
conditionnel présent	☐	☐	☐	☐	☐
conditionnel passé	☐	☐	☐	☐	☐

● Exercice : le conditionnel passé

Écoutez et dites quel est le sens des conditionnels passés dans chaque phrase.

	1.	2.	3.	4.	5.	6.	7.	8.
regret	☐	☐	☐	☐	☐	☐	☐	☐
reproche	☐	☐	☐	☐	☐	☐	☐	☐
remerciement	☐	☐	☐	☐	☐	☐	☐	☐
information non sûre	☐	☐	☐	☐	☐	☐	☐	☐

● Exercice : la signification du plus-que-parfait

Donnez la signification des plus-que-parfait dans chaque phrase.

1. Si j'avais su, je ne serais pas venu.

☐ reproche ☐ regret ☐ excuse

2. Si tu lui avais donné la bonne adresse, il ne se serait pas trompé.

☐ regret ☐ explication ☐ reproche

3. Si tu étais arrivé à l'heure, tu aurais entendu le discours.

☐ remerciement ☐ reproche ☐ excuse

4. S'il s'était levé plus tôt, il n'aurait pas manqué son train.

☐ reproche ☐ remerciement ☐ excuse

5. Vous auriez vu des étoiles filantes si vous étiez restés plus longtemps.

☐ explication ☐ reproche ☐ regret

6. Si vous étiez passé à 9 heures, vous ne m'auriez pas trouvé.

☐ étonnement ☐ explication ☐ reproche

Satisfait ?

**Écoutez l'enregistrement et complétez le questionnaire
en utilisant les informations données par la personne interrogée.**

Enquête de satisfaction

Comment nous avez-vous contactés ?

❏ Par téléphone.
❏ Par courrier.
❏ Par Internet / minitel.
❏ Autre.

Quelle a été l'attitude de votre interlocuteur ?

❏ La nervosité.
❏ L'impatience.
❏ L'indifférence.
❏ L'amabilité.

Avez-vous contacté l'architecte...

❏ avec facilité ?
❏ avec difficulté ?

À la suite de la visite de l'architecte, êtes-vous satisfait des points suivants ?

	très	assez	peu	pas du tout	ne sait pas
• La ponctualité.	❏	❏	❏	❏	❏
• Le relationnel.	❏	❏	❏	❏	❏
• L'écoute.	❏	❏	❏	❏	❏
• La clarté des explications.	❏	❏	❏	❏	❏

À la remise du devis, avez-vous été satisfait de...

	très	assez	peu	pas du tout	ne sait pas
• la lisibilité.	❏	❏	❏	❏	❏
• du détail de la nature des travaux.	❏	❏	❏	❏	❏
• l'estimation du coût des travaux par rapport au budget initial.	❏	❏	❏	❏	❏
• la clarté des explications.	❏	❏	❏	❏	❏

Avez-vous signé le contrat ?

❏ **Oui.**
Nous vous remercions de votre confiance et nous tenons à vous assurer que nous mettrons tout en œuvre pour que votre projet se réalise dans les meilleurs délais.

❏ **Non.** Précisez pourquoi.
  ❏ Abandon du projet.
  ❏ Inadaptation des délais.
  ❏ Inadéquation des solutions proposées.
  ❏ Autre.

Exposer, convaincre, argumenter, exprimer des sentiments

•Suspect n° 1

Écoutez et choisissez le texte qui correspond à l'enregistrement.

Dialogue témoin

– Alors, commissaire, où en est l'enquête ?

– Et bien, nous poursuivons les recherches. Nous avons déjà arrêté un suspect.

 B

Hold-up au Val d'argent
Un suspect a été arrêté

L'enquête du commissaire Félicien avance. Les recherches continuent. Un suspect dont la présence avait été signalée par des voisins quelques jours avant le hold-up a été arrêté.

Il est actuellement interrogé et le carnet d'adresses qui a été retrouvé sur lui pourrait livrer des noms. Cette découverte permettra d'accélérer l'enquête.

En attendant, la police a fouillé l'appartement qui avait été loué par les malfaiteurs et elle espère y trouver quelques indices de leur passage.

Enfin, une montre a été découverte non loin d'une voiture qui était garée dans le parking de l'immeuble.

 A

Hold-up au Val d'argent
Un suspect a été arrêté

L'enquête du commissaire Poilane avance lentement. Un suspect a été arrêté dans l'appartement qui avait été loué par les malfaiteurs. Ce suspect est actuellement interrogé dans les locaux de la brigade judiciaire du Val d'Argent.

D'autre part, une montre a été découverte dans une voiture qui était stationnée près d'un l'immeuble, en face de la banque qui a été cambriolée.

Enfin, un suspect a été trouvé en possession d'un carnet d'adresses qui devrait livrer des noms.

C

Hold-up au Val d'argent
Un suspect a été arrêté

L'enquête du commissaire Félicien Poilane avance rapidement. Un suspect a été arrêté et il est interrogé dans les locaux de la police criminelle.

D'autre part, la police a découvert qu'un appartement avait été loué par les malfaiteurs et elle va y chercher des indices du passage des locataires.

Une voiture a été retrouvée dans un parking et il y a tout lieu de penser qu'il s'agit de la voiture qui a servi au vol selon les descriptions qui ont été faites par des témoins.

Enfin, non loin de la voiture, dans le parking, une montre et un carnet d'adresses ont été découverts.

Grammaire / communication : quand utilise-t-on le passif ?

Quand on utilise le passif, l'ordre habituel qui fait quoi ? devient qu'est-ce qui (quoi) est fait par qui ?

On a retrouvé une voiture. → Une voiture a été retrouvée.

On choisira l'emploi du passif pour dire qu'on a subi un événement :

J'ai été mordu par un chien.

L'emploi du passif apporte des précisions sur l'auteur de l'action :

La voiture a été retrouvée par la police.

Le passif permet aussi de ne pas identifier l'auteur de l'action :

L'appartement a été loué.

DISCOURS

OBJECTIFS

SAVOIR-FAIRE
- exposer à l'oral
- organiser son discours à l'oral et à l'écrit

GRAMMAIRE
- les articulateurs du discours

LEXIQUE
- techniques d'expression

ÉCRIT
- préparer un exposé

CULTURES
- l'immigration
- les langues en Europe

DÉCOUVRIR

• Vous me suivez ?

Écoutez les enregistrements, identifiez le thème de chaque exposé, et précisez, à chaque fois, les techniques utilisées par les orateurs.

Dialogue témoin

Qu'est-ce que l'argot ? Si l'on consulte un dictionnaire, on apprend que l'argot est un langage familier qui est né du monde des malfaiteurs, dans les prisons surtout, où l'argot permettait de parler sans être compris des gardiens. On apprend également qu'il existe un argot particulier à des professions, à des groupes de personnes. Par exemple, il existe un argot des lycées où le mot *pion* veut dire *surveillant* et le mot *bahut* signifie *lycée*. *Je suis pion dans un bahut* signifie *je suis surveillant dans un lycée*.

L'orateur / l'oratrice...	1.	2.	3.
fait les questions et les réponses.	☐	☐	☐
donne des exemples.	☐	☐	☐
donne un avis personnel.	☐	☐	☐
cite des dates.	☐	☐	☐
s'adresse aux auditeurs.	☐	☐	☐
donne des explications.	☐	☐	☐
fait preuve d'humour.	☐	☐	☐
conclut son exposé.	☐	☐	☐
fait une citation.	☐	☐	☐

1

2

3

Exposer, convaincre, argumenter, exprimer des sentiments

•Je vais vous expliquer

Écoutez et dites si le conférencier...

- ☐ cite des chiffres.
- ☐ donne des arguments.
- ☐ illustre son explication.
- ☐ formule une conclusion.
- ☐ répète la question posée.
- ☐ fait de l'humour.

- ☐ cite des événements historiques.
- ☐ donne des exemples.
- ☐ donne son avis.
- ☐ fait des citations.

Dialogue témoin

– Pourquoi dit-on de la France qu'elle est une « terre d'accueil » ?

– Pourquoi dit-on de la France qu'elle est une « terre d'accueil » ? Eh bien parce qu'elle a toujours été un pays d'immigration. Regardez Paris, par exemple, c'est une capitale multiculturelle. De nombreuses communautés y vivent et s'y métissent. Mais le mélange des populations n'est pas spécifique à la France, c'est un phénomène mondial... (*Voir transcription, page 126.*)

Grammaire / communication
Structurer sa prise de parole : la technique, les expressions

1. Introduire le sujet
- par une question ou en reprenant la question posée ;
- par une reprise du titre du sujet.

2. Présenter le plan adopté
- en utilisant, par ordre chronologique :
- – tout d'abord, pour commencer, dans un premier temps ;
- – ensuite, puis, dans un second temps ;
- – enfin, pour terminer, pour conclure.

3. Développer son sujet
- en citant des chiffres ;
- en donnant des arguments pour ou contre : en fait, en réalité / en outre, de plus / d'une part, d'autre part / par ailleurs ;
- en donnant des exemples ;
- en illustrant son sujet par des anecdotes ;
- en faisant un historique.

4. Conclure
- en donnant son point de vue personnel ;
- en élargissant le sujet ;
- en posant une question ouverte.

•Un peu d'ordre, s'il vous plaît !

**Retrouvez d'abord l'ordre de l'exposé en vous aidant du plan ci-dessous,
puis écoutez l'enregistrement.**

Plan de l'exposé

- Présentation du sujet
- Présentation du plan
- Première partie : le problème
  - présentation
  - argument 1
  - argument 2
- Deuxième partie : les solutions
  - présentation

- argument 1
- argument 2
- Troisième partie :
le pour et le contre
  - présentation
  - argument 1
  - argument 2
- Conclusion

A. Ce nouveau plan de circulation a provoqué de nombreuses réactions, les unes positives, les autres négatives.

B. Dans un premier temps, nous examinerons les arguments en faveur de la diminution du nombre d'automobiles circulant à Paris. Ensuite, nous verrons quelles sont les mesures prises à Paris, puis nous examinerons les arguments de ceux qui sont pour ou contre ces mesures. Pour conclure, je vous donnerai mon opinion personnelle sur ce sujet.

C. Depuis quelques années, des mesures ont été prises par la Ville de Paris, et en 2001, un plan de circulation a été mis en place.

D. Du côté de ceux qui sont pour, il y a ceux qui circulent plus volontiers à vélo car la rue est moins dangereuse et l'air que l'on respire est meilleur, et ceux qui ont constaté que les voyages en bus étaient désormais plus rapides et plus agréables.

E. Du côté des contre, on trouve certains commerçants, persuadés que la diminution du trafic automobile va nuire à leur activité, mais aussi certains automobilistes qui considèrent la voiture comme un privilège individuel.

F. L'objectif de ces nouvelles mesures est de favoriser l'usage des transports en commun, plus rapides et moins polluants que la voiture et de favoriser la circulation à vélo.

G. La circulation à Paris est devenue un problème quotidien pour des millions de Parisiens.

H. La circulation est responsable de l'augmentation de la pollution et met en danger la santé des Parisiens, et en particulier, celle des plus fragiles : les enfants et les personnes âgées.

I. Les embouteillages représentent une perte de temps. Ce temps perdu dans les embouteillages pourrait être consacré au travail, aux loisirs ou à la vie en famille.

J. Pour cela, de nouveaux couloirs de bus ont été construits que les taxis, les vélos et les deux-roues peuvent utiliser. Le nombre de pistes réservées aux vélos a nettement augmenté.

K. Pour ma part, je suis favorable à tous ces projets. Je remarque qu'en Allemagne et en Hollande, le vélo est roi et que les villes ont été aménagées pour une circulation non polluante. Je pense donc que l'avenir n'est pas dans la voiture et qu'il faut rendre la ville aux citadins.

L. Tout le monde connaît la chanson *À Paris, à vélo, on dépasse les autos*. Ce sera le thème de ce petit exposé.

1.	2.	3.	4.	5.	6.	7.	8.	9.	10.	11.	12.
......	....	....	....	....	....	....	....	....	....	......	L

Exposer, convaincre, argumenter, exprimer des sentiments

• **Babel**

Lisez, répondez aux questions, puis préparez un exposé sur les langues en Europe et dans le monde.

Les langues en Europe

La diversité linguistique du continent européen est une des richesses culturelles du « Vieux Continent ». Même si les langues peuvent apparaître comme étant une barrière entre les peuples, elles sont, au contraire, source de richesse, de curiosité culturelle et d'ouverture d'esprit. La diversité des langues nous ouvre des portes qui s'étendent bien au-delà des frontières européennes.

Les langues européennes : une ouverture sur le monde

L'histoire du monde a été fortement influencée par celle de l'Europe à tel point qu'aujourd'hui de nombreuses langues du « Vieux Continent » se retrouvent un peu partout à travers le monde.

Ainsi, la richesse linguistique de l'Europe ouvre les portes du continent à une centaine de pays hors d'Europe !

→ **11 langues au sein de l'Union**

Avec quelques 43 langues parlées sur le continent européen, l'Union européenne ne compte « que » 11 langues officielles : allemand, anglais, danois, espagnol, finnois, français, grec, italien, néerlandais, portugais et suédois.

Ces langues peuvent être regroupées en quatre familles :
• latines (espagnol, français, italien et portugais) ;
• germaniques (allemand, anglais, hollandais et suédois) ;
• helléniques (grec) ;
• finno-ougriennes (finnois).

→ **L'anglais** : langue universelle par excellence, elle est la langue officielle de 45 pays à travers le monde (dont 2 en Europe), ce qui représente environ 508 millions d'anglophones !

→ **L'espagnol** : langue officielle de 20 pays avec près de 392 millions d'hispanophones.

→ **Le portugais** : 7 pays possèdent le portugais comme langue officielle ce qui représente 191 millions de locuteurs.

→ **Le français** : 33 pays de par le monde ont adopté le français (dont 5 en Europe) pour un total de 129 millions de locuteurs.

Les Européens et les langues

Les Européens ont pris conscience de l'importance des langues sur leur continent puisque 71 % d'entre eux considèrent que tout le monde dans l'Union européenne devrait être capable de parler une langue européenne en plus de sa langue maternelle. Malheureusement, seulement 53 % des Européens connaissent au moins une langue européenne en plus de leur langue maternelle et 26 % connaissent deux langues étrangères.

➡ Environ trois habitants sur quatre des Pays-Bas, du Danemark (77 %) et de Suède (75 %) parlent suffisamment bien l'anglais en plus de leur langue maternelle pour prendre part à une conversation.

➡ 86 % des habitants du Luxembourg ont une connaissance suffisante du français pour prendre part à une conversation. En Belgique, il en va de même pour 38 % de la population. Dans ces deux pays, le français est l'une des langues officielles.

➡ Au Luxembourg, 77 % des personnes qui ne considèrent pas l'allemand comme leur langue maternelle le parlent suffisamment bien pour tenir une conversation.

➡ La connaissance de l'allemand est également très répandue aux Pays-Bas (59 %) et au Danemark (49 %).

La langue la plus fréquemment connue par les Européens est l'anglais (41 %), suivi par le français (19 %), l'allemand (10 %), l'espagnol (7 %) et l'italien (3 %).

	vrai	faux
Il y a 43 langues officielles dans l'Union européenne.	☐	☐
Le russe est une langue officielle de l'Union européenne.	☐	☐
Le portugais est une langue latine.	☐	☐
L'anglais est une langue germanique.	☐	☐
L'anglais est la langue officielle de deux pays en Europe.	☐	☐
Cinq pays en Europe ont adopté le français.	☐	☐
L'espagnol est la langue officielle de 20 pays.	☐	☐
Le portugais est la langue officielle de 7 pays.	☐	☐
La majorité des Européens sont trilingues.	☐	☐
La majorité des Danois parlent bien l'anglais.	☐	☐
Le français est la langue officielle de la Belgique.	☐	☐
La plupart des Luxembourgeois parlent allemand.	☐	☐

Exposer, convaincre, argumenter, exprimer des sentiments

● Les expressions imagées

1. Écoutez et retrouvez l'expression qui correspond à la phrase entendue.

enr.

Ben alors, qu'est-ce qui s'est passé ? Tu as oublié notre rendez-vous ? Je n'aime pas ça, c'est la première fois qu'on me pose un lapin.   ....

Non, je ne sais pas. Je donne ma langue au chat.   ....

Oh ! là, là ! Elle était furieuse, elle est montée sur ses grands chevaux !   ....

C'est quelqu'un pour qui la vie n'a pas été facile, il a mangé de la vache enragée avant de devenir quelqu'un.   ....

Non, merci, je n'en veux plus. Vous savez, j'ai toujours eu un appétit d'oiseau.   ....

C'est vraiment quelque chose d'inespéré ! Ça ne se reproduira que quand les poules auront des dents.   ....

Arrête de parler, tu m'embrouilles ! Revenons plutôt à nos moutons !   ....

Celui-là, quand il te pose une question, il ne te lâche plus ! Il cherche vraiment la petite bête.

Finalement, dans cette affaire, j'ai tout perdu ! J'ai vraiment été le dindon de la farce.   ....

Humm ! ce soir, je mangerais bien tout ce qu'il y a sur la carte ! J'ai une faim de loup !

2. Choisissez l'explication qui convient.

- Tenir sa langue, c'est…
  - ❏ ne pas trouver ses mots.
  - ❏ garder un secret.
  - ❏ parler difficilement.
- Donner sa langue au chat, c'est…
  - ❏ appeler les choses par leur nom.
  - ❏ rejeter la responsabilité sur quelqu'un.
  - ❏ renoncer à trouver une solution.

- En avoir gros sur la patate, c'est…
  - ❏ ne pas avoir d'argent.
  - ❏ être triste.
  - ❏ être en forme.
- Pousser comme un champignon, c'est…
  - ❏ grandir très vite.
  - ❏ grandir très lentement.
  - ❏ pousser la porte.

3. Complétez la phrase avec le mot qui convient.

1. Tout est perdu, c'est la fin des ....
   carottes.   pommes.   haricots.
2. C'est la fin pour nous. On a été découvert, les .... sont cuites.
   artichauts   carottes   tomates
3. Elle est partie sans me remercier, j'en ai gros sur la ....
   poire.   pomme.   patate.
4. Il a eu tellement peur qu'il est tombé dans les ....
   poireaux.   pommes.   poires.
5. Il m'a annoncé la nouvelle entre la .... et le fromage.
   salade   poire   glace
6. Si ça continue, je vais m'énerver et leur rentrer dans le ....
   haricot.   poireau.   chou.
7. Tout cela ne te regarde pas, ce ne sont pas tes ....
   tomates.   radis.   oignons.

4. Complétez en choisissant la bonne expression.

Si une personne connaît des gens importants et a de l'influence, on dit qu'elle a ....

      la jambe longue.   de grandes oreilles.   le bras long.

On dit de quelqu'un qui a très faim, qu'il a ....

      les yeux plus gros que la tête.   l'estomac dans les talons.   les dents à la place du ventre.

Quelqu'un qui rit mais n'a pas envie de le faire, rit ....

      vert.   noir.   jaune.

Quand des personnes n'ont pas assez d'argent pour vivre, on dit qu'elles ....

      voient des anges voler.   parlent avec Dieu.   tirent le diable par la queue.

Léo n'arrive pas à résoudre un problème. Il est désespéré, il ....

      se mord les doigts de pieds.   se tord les chevilles.   s'arrache les cheveux.

Son histoire m'a fait tellement peur que j'en avais ....

      un froid de canard.   une faim de loup.   la chair de poule.

Il a téléphoné au moins dix fois dans la journée, il me ....

      casse les pieds.   fait tourner la tête.   tord les bras.

J'avais très peu de temps, j'ai mangé ....

      sur la tête.   sur le pied.   sur le pouce.

Comment a-t-il pu acheter cette bague, elle lui a coûté ....

      les doigts de la main.   les dents de la bouche.   les yeux de la tête.

J'ai rencontré Isabelle ce matin. Elle est toujours aussi dynamique. Elle a une sacrée ....

      poire.   pomme.   pêche.

Exposer, convaincre, argumenter, exprimer des sentiments

L'unité A2 du DELF 1er degré comporte trois épreuves : compréhension écrite, expression écrite et expression orale. Voici leur descriptif.

Épreuves écrites	durée	coefficient
• **Écrit 1** : compréhension Identification des intentions et des points de vue exprimés dans un document.	0 h 30	1
• **Écrit 2** : expression Expression d'une attitude ou d'une prise de position personnelle à partir de questions évoquées dans le document de l'écrit 1.	0 h 45	1

Épreuve orale	durée	coefficient
Présentation et défense d'un point de vue à partir d'un sujet simple et précis face à un interlocuteur.	15 min	2

• Compréhension écrite

Lisez cet entretien avec Alexandre Jardin, puis répondez aux questions en cochant la bonne réponse ou en écrivant l'information demandée.

Alexandre Jardin pourrait se contenter de savourer[1] le succès qui ne manque pas de couronner la parution de chacun de ses romans. Mais non, il a décidé de mobiliser des retraités bénévoles pour Lire et faire lire dans les écoles.

Romancier, réalisateur, vous publiez 1+1+1… (Grasset), un essai politique que vous présentez comme un livre de combat. Quelle est la raison de votre engagement ?

Alexandre JARDIN : J'en ai assez qu'on ne règle pas des problèmes tels que l'échec scolaire, la délinquance juvénile, la violence dans les collèges… Avec le *Relais civique* (association fondée en 1998), j'ai enquêté. Les solutions existent, les partenaires aussi. Je publie ce livre pour lancer une révolution. J'appelle à la création d'une agence des pratiques, indépendante, chargée de repérer, d'évaluer et d'étendre au pays les pratiques locales qui fonctionnent. C'est ce que nous avons fait avec *Lire et faire lire*. Au début on m'a ri au nez. Maintenant, dans 3 000 écoles, 87 départements, 5 000 retraités bénévoles[2] viennent donner le goût de la lecture aux enfants. Car aujourd'hui tout passe par l'écrit, c'est la clé.

On comprend qu'un écrivain défende la lecture. Mais quand vous expliquez comment régler la violence à l'école, la délinquance, les problèmes d'intégration, de réinsertion… quelle peut bien être votre crédibilité ?[3]

A. J. : Je me bats pour des idées qui ne sont pas les miennes mais celles de praticiens. Je fais remonter des initiatives éducatives[4] qui, je ne comprends pas pourquoi, ne sont pas généralisées. Et *Lire et faire lire* est la preuve que ce que je raconte tient debout, que ce n'est pas le discours d'un intello éthéré[5]. Je fais de la politique mais ne veux pas me faire élire. Je veux donner du pouvoir aux partenaires, car la révolution doit partir de la base, des citoyens. D'où le titre : *1+1+1…*

1 000 mots est un programme créé par le Relais civique. *Concrètement, vous faites lire* Les Trois Mousquetaires[6] *à des caïds[7]. Ça donne quoi ?*

A. J. : Nous sommes partis d'une analyse de Claude Bardon, un ancien directeur des Renseignements généraux : moins un être humain possède de mots, plus il frappe dur. Nous avons expliqué à des leaders[8] de quartiers que la vraie force passait par les mots. Pour le choix du livre, on ne s'est pas trompé : Dumas a une force narrative effarante, et d'Artagnan[9], avec sa tchatche[10] et son ego surdimensionné, les fait rire. En milieu ouvert, ce fut un échec : ils ne venaient pas au rendez-vous. Mais à la prison de Villepinte, un adolescent a appris trois cents mots : il n'est pas devenu un agneau mais il a changé d'univers mental. Je crois beaucoup aux pratiques indirectes. Et même si on ne parvient pas à les étendre, elles garderont une réalité locale.

Comment conciliez-vous la politique et l'écriture ?

A. J. : J'ai toujours rêvé de faire de la politique. Mais y entrer de façon classique me désespérait. Alors je me suis tourné vers l'écriture. Aujourd'hui, j'ai trouvé un moyen de faire de la politique. Bénévolement, grâce à mes droits d'auteur. Et puis, tout ce que j'ai pu écrire est terminé : *Mademoiselle Liberté* (Gallimard), volontairement radical, va au bout de mon cycle de romans amoureux. Mais je continue à écrire : d'ici deux, trois ans, je publierai quelque chose d'extraordinairement différent de ce que j'ai fait et de ce qui se fait. Quelque chose de nouveau. Ce sera de la fiction. Un projet qui, pour l'instant, me paraît énorme, tentaculaire.

Lire, juin 2002

1. Savourer : apprécier.

2. Bénévole : qui ne demande pas de salaire.

3. Quelle peut bien être votre crédibilité ? Comment peut-on vous croire ?

4. Je fais remonter des initiatives : je fais connaître des initiatives.

5. Éthéré : qui ne vit pas dans la réalité.

6. Roman d'Alexandre Dumas.

7. Caïd : chef de bande

8. Leader : petit chef.

9. Héros du roman.

10. Il a la tchatche : il parle beaucoup, il est très bavard.

1. Cochez la ou les bonne(s) réponse(s).

1. Alexandre Jardin est…
  - ☐ retraité.
  - ☐ écrivain.
  - ☐ délinquant.
  - ☐ bénévole.
  - ☐ homme politique.

2. Pour essayer de régler le problème de l'échec scolaire et de la violence, Alexandre Jardin…
  - ☐ a publié un livre.
  - ☐ a fait de la prison.
  - ☐ a fait de la politique.
  - ☐ a créé une association.

3. Quelqu'un qui ne parle pas bien sa propre langue…
  - ☐ risque d'aller en prison.
  - ☐ ne peut pas développer normalement son intelligence.
  - ☐ peut devenir violent.

4. Pour Alexandre Jardin, on peut trouver des solutions pour régler les problèmes de violence à l'école grâce…
  - ☐ à l'engagement de personnes bénévoles.
  - ☐ à l'apprentissage de la lecture.
  - ☐ aux leaders de quartier.
  - ☐ aux hommes politiques.

2. Dites si les affirmations suivantes sont vraies ou fausses en cochant la case correspondante. Si le texte ne donne pas l'information, cochez la case ? .

	vrai	faux	?
• Il n'existe pas de solution pour régler les problèmes de violence et de délinquance dans les écoles.	☐	☐	☐
• *Lire et faire lire* est une association de retraités bénévoles.	☐	☐	☐
• Quand une expérience fonctionne bien, on peut la généraliser.	☐	☐	☐
• *1 000 mots* est un programme dont l'objectif est de permettre aux jeunes d'aimer la lecture.	☐	☐	☐
• Apprendre des mots nouveaux permet de changer de mentalité.	☐	☐	☐
• Alexandre Jardin est un écrivain qui fait de la politique.	☐	☐	☐

3. Quelle est la signification exacte de cette phrase (2ᵉ paragraphe) ? Cochez la bonne réponse.

Ce que je raconte tient debout.

☐ Ce que je dis n'est pas ridicule.

☐ Ce que je dis est la vérité absolue.

☐ Ce que je dis n'est pas très intelligent.

• Expression écrite

Les retraités peuvent continuer à être actifs en rendant de nombreux services. Êtes-vous d'accord avec cette affirmation ? Argumentez votre opinion personnelle en 120 mots maximum.

• Expression orale

Choisissez un des sujets suivants. Préparez vos arguments pendant 15 minutes puis présentez votre opinion personnelle argumentée à votre examinateur avant de répondre à ses questions.

1. Beaucoup de gens pensent que les mariages mixtes (nationalités, religions, coutumes différentes) ne sont pas de bons mariages. Êtes-vous d'accord ? Expliquez pourquoi.

2. Dans le monde d'aujourd'hui, les vraies valeurs ont disparu. Seuls les intérêts économiques comptent. Êtes-vous d'accord ? Dites pourquoi.

3. On apprend beaucoup des étrangers et des gens qui ont une autre culture. Êtes-vous d'accord ? Qu'en pensez-vous ?

4. Quelles sont les mots qui vous font le plus peur : guerre, pollution, sida ? Expliquez pourquoi.

5. Qu'est-ce qui est le plus important dans l'éducation d'un enfant ? Expliquez pourquoi.

EXERCICES COMPLÉMENTAIRES

1. Qualité ou défaut ?

Écoutez et dites quelle est la qualité ou le défaut de chaque personne.

qualités	enr.
Il est sensible.	....
Il est intelligent.	....
Il est généreux.	....
Il est fidèle.	....
Il est serviable.	....
Il est fiable.	....
Il écoute les autres.	....
Il est sincère.	....
Il est gentil.	....
Il est patient.	....

défauts	enr.
Il est indifférent.	....
Il est bête.	....
Il est égoïste.	....
Il est infidèle.	....
Il ne rend pas service.	....
Il n'est pas fiable.	....
Il n'écoute pas les autres.	....
Il est menteur.	....
Il est méchant.	....
Il est impatient.	....

2. Bon / méchant

Complétez en choisissant.

1. Comment a-t-elle pu vivre avec lui, il est tellement .... !

   insupportable / charmant / insolent

2. Quand il est parti, tout le monde l'a regretté, il était très ....

   envieux / prévenant / cynique

3. Je ne veux plus lui parler, il a vraiment été .... avec moi !

   adorable / aimable / odieux

4. Je ne dis jamais du mal des autres, on ne peut pas m'accuser de ....

   gentillesse / insolence / médisance

5. Il ne ferait pas de mal à une mouche, il est tellement ....

   diabolique / délicat / pervers

3. Bête / intelligent

Dites si le jugement correspond à la bêtise ou à l'intelligence.

	bêtise	intelligence
1. Il n'est pas très malin.	☐	☐
2. Il est futé comme un renard.	☐	☐
3. Ce n'est pas une flèche.	☐	☐
4. Il est loin d'être bête.	☐	☐
5. Elle est géniale.	☐	☐
6. Qu'est-ce qu'il traîne !	☐	☐
7. Il n'a pas inventé l'eau chaude.	☐	☐
8. Ce n'est pas une lumière.	☐	☐

4. Aimer

Écoutez et dites quelle est la phrase qui correspond à ce qui est dit.

	enr.
J'aimerais que vous m'écoutiez.	....
Je l'ai aimé au premier regard.	....
J'aime bien cette toile.	....
J'aimerais être ailleurs.	....
J'aime autant qu'il s'en aille.	....
Tu aimes vraiment Julie ?	....
Qui aime bien châtie bien.	....

5. L'opposition

Choisissez l'expression qui convient.

1. Il fait très froid, tu ne peux pas sortir comme ça, tu n'es .... couverte !

   pas trop de / pas assez de / pas assez

2. Cela ne vaut pas la peine d'insister, elle ne t'a .... adressé la parole une seule fois.

> pas assez / quand même / même pas

3. Vous êtes .... curieux, cela ne vous regarde pas.

> pas assez / trop / assez

4. Cet appartement est cher .... il est bien situé.

> même / quand même / mais

5. Lucie n'est pas là, mais viens ...., il y aura Julie.

> même / même pas de / quand même

6. L'opposition

Écoutez, identifiez le mot ou l'expression qui indique l'opposition et indiquez la construction. (Plusieurs réponses sont possibles pour une même expression.)

	enr.	+ nom	+ phrase
malgré	....	....	....
en dépit de	....	....	....
en revanche	....	....	....
par contre	....	....	....
(et) pourtant	....	....	....
même si	....	....	....

7. L'opposition

Reliez les deux informations en choisissant, parmi les expressions suivantes, celle(s) qui convient (conviennent) : pourtant, même si, au contraire, en revanche.

1. Je l'aime. / Il est souvent désagréable avec moi.

→ ....

2. Hier, il a fait un temps superbe. / Aujourd'hui, il pleut depuis ce matin.

→ ....

3. Il a fait de gros efforts cette année. / Il n'a pas réussi son examen.

→ ....

4. Il n'a toujours pas compris. / J'ai passé deux heures à tout lui expliquer !

→ ....

5. Il ne faut pas se décourager. / Il y a peu d'espoir d'y arriver.

→ ....

6. Elle est charmante. / Lui, c'est un véritable ours.

→ ....

7. Je n'ai plus cet article en stock. / J'ai celui-ci qui est un peu plus cher.

→ ....

8. Je l'appellerai tous les jours. / Cela ne sert à rien.

→ ....

8. Argumenter : cher / pas cher

Écoutez et dites si on évoque quelque chose de cher ou de pas cher.

	cher	pas cher		cher	pas cher
1.	☐	☐	6.	☐	☐
2.	☐	☐	7.	☐	☐
3.	☐	☐	8.	☐	☐
4.	☐	☐	9.	☐	☐
5.	☐	☐	10.	☐	☐

9. Argumenter : laid / beau

Écoutez et dites si on évoque quelque chose de laid ou de beau.

	laid	beau		laid	beau
1.	☐	☐	6.	☐	☐
2.	☐	☐	7.	☐	☐
3.	☐	☐	8.	☐	☐
4.	☐	☐	9.	☐	☐
5.	☐	☐	10.	☐	☐

10. Argumenter : pour ou contre ?

Lisez et relevez les arguments pour et les arguments contre.

Que pensez-vous des sports comme le saut en parachute, l'escalade, la plongée sous-marine ou la promenade dans les arbres ?

• *Darahm Tiguida, 16 ans, lycéenne*

Je fais de la plongée sous-marine. Tu ne peux pas imaginer le spectacle, c'est magique ! Et puis c'est le silence tout autour. Et en plus, on se sent super bien dans l'eau ! Mais il faut être prudent. Il faut avoir le bon matériel.

• *Ariane Corneille, 18 ans, lycéenne*

Il faut être fou pour sauter en parachute, ou un peu suicidaire ! J'aurais trop peur ! Moi, je n'ai pas besoin d'émotions fortes. Et puis, je préfère garder les deux pieds sur la terre ferme. Par contre, j'aime bien aller sur le grand 8 dans les foires, mais pas toute seule.

• *Yann Armand, 26 ans, diététicien*

Je fais tous les week-ends du delta. C'est fabuleux ! C'est comme si on avait des ailes, comme si on était un oiseau et, en plus, on a une vue extraordinaire de la terre ! Mais il faut faire attention, bien connaître les conditions météo avant de se lancer.

• *Claudine Marchand, 40 ans, médecin*

Moi, le sport que je préfère, c'est me balader dans les arbres. C'est ma façon de vivre des sensations fortes et puis ça me change les idées. Quand on passe de branche en branche, on ne pense plus à toutes les petites ou grandes maladies de l'humanité. Mais il faut bien choisir ses arbres, pas trop hauts ni trop fragiles.

• *Elsa Petrucelli, 27 ans, avocate*

Je ne pratique aucun de ces sports car je pense qu'il y a d'autres façons de se dépasser : défendre des grandes causes, par exemple.

D'autre part, pratiquer ces sports, c'est faire preuve d'égoïsme parce que ce sont des sports dangereux. Un accident est vite arrivé.

Le seul sport un peu violent que je pratique, c'est le squash. C'est sportif et ça se joue à deux.

	arguments pour	arguments contre
Darahm Tiguida	……..	……..
Ariane Corneille	……..	……..
Yann Armand	……..	……..
Claudine Marchand	……..	……..
Elsa Petrucelli	……..	……..

11. La nominalisation

Complétez en utilisant la forme nominale du verbe en couleur.

1. Les passagers du vol AF 903 à destination de Budapest sont priés d'embarquer immédiatement. L'…….. aura lieu salle 2B.

2. Je lui ai expliqué comment arriver, mais je ne sais pas si mes …….. étaient assez claires.

3. La boulangerie est fermée ; il y a une affiche sur la porte : « …….. annuelle du 1ᵉʳ au 31 août ».

4. Vous êtes sur une liste d' …….. pour le prochain vol. Attendez qu'on vous appelle.

5. On est obligé de s'assurer. En cas de contrôle, la gendarmerie demande à voir l'…….. du véhicule.

6. Alors, tu as été bien accueilli ? Il paraît que l'…….. des nouveaux est très bien organisé.

7. Tu ne pars plus à 16 heures mais à 22 heures. Le …….. a été retardé à cause des conditions météo.

8. Je n'arrive pas à fermer ce sac, j'ai l'impression que la …….. est cassée. Tu peux m'aider ?

9. Je connais mademoiselle depuis une heure. Nous avons fait …….. dans l'avion.

10. Vous l'aimez vraiment ? Vous l'aimez d'…….. ?

12. La nominalisation

Complétez en utilisant la forme nominale du verbe en couleur.

1. Il n'est pas encore ouvert, ce magasin ? Pourtant, sur l'écriteau, il y a « …….. de 9 h à 19h » ?

2. Tu crois vraiment qu'il existe, toi ? Moi, je n'y crois pas trop à son …….. .

3. Ça vaut le coup d'emprunter actuellement, tu as vu les taux d'…….. ?

4. On me dit qu'il n'y a plus d'abonnés à ce numéro. Ils ont dû oublier de renouveler leur …….. .

5. Si tu veux boire, il y a des …….. fraîches dans le frigidaire.

6. Je dois déménager ce samedi, tu peux m'aider à faire le …….. ?

7. On m'a dit que l'…….. aura lieu demain. Tu sais qui va l'opérer ?

8. Tu as réservé des places pour demain ? Parce que, sans …….., on ne peut pas y aller.

Exposer, convaincre, argumenter, exprimer des sentiments

9. Vous avez signé, j'espère, parce que, sans ...., votre déclaration n'a aucune valeur.

10. Vous ne pouvez pas vous baigner ici : regardez le panneau « .... interdite ».

13. L'accord du participe passé

Complétez en mettant les verbes entre parenthèses au passé composé et en faisant l'accord du participe passé si nécessaire.

1. Je les .... hier soir au cinéma. Elles étaient avec leurs parents. (*voir*)

2. Ils .... il y a deux jours. Ils ont fait une grande fête. (*se marier*)

3. Je lui .... ces boucles d'oreilles et cette jupe pour son anniversaire. (*offrir*)

4. Nous .... sur le pont des Arts. Elle jouait du violon et moi, de la flûte. (*se rencontrer*)

5. Tu l'........ toute seule ? (*laisser*)

6. Ils nous .... leur maison pour les vacances. (*prêter*)

7. Ils nous .... pour notre travail. J'étais très fière et Marc aussi. (*féliciter*)

8. Je lui .... Elle était contente de me voir. (*parler*)

14. Le passif

Transformez les phrases en utilisant le passif.

1. On a retrouvé la voiture qui a servi au hold-up.
   → ....

2. Les pompiers ont sauvé une petite fille qui était tombée dans le lac.
   → ....

3. Les services de santé ont signalé des cas de rage dans la région.
   → ....

4. Les enquêteurs ont exploré toutes les pistes.
   → ....

5. Le jury a décerné le titre de meilleur chanteur au candidat italien.
   → ....

6. On a vu le suspect la veille dans la région.
   → ....

7. Le chirurgien l'a opérée d'urgence ce matin.
   → ....

8. Le tonnerre nous a réveillés cette nuit.
   → ....

15. Les articulateurs logiques

Complétez les phrases suivantes en utilisant les articulateurs logiques qui conviennent.

1. .... cette maison n'est pas bien située, c'est .... celle que je préfère. Elle a beaucoup plus de charme que toutes celles que nous avons visitées.

   Par contre / Même si / Mais

   parce que / quand même / pourquoi

2. J'ai invité Emmanuel à dîner .... il est seul, mais si tu préfères qu'on attende que sa femme revienne, je peux lui téléphoner et décommander l'invitation.

   au contraire / parce que / donc

3. .... nous allons régler ce problème, ... nous verrons quelle solution de remplacement nous pouvons proposer. ...., en guise de conclusion, nous évaluerons le bien-fondé des réponses données.

   Pour conclure / D'abord / Enfin

   dans un premier temps / puis / pour commencer

   Ensuite / Enfin / Au contraire

4. Tout ce raisonnement se tient .... il est fondé sur des hypothèses vérifiables. ...., nous ne pouvons être sûrs de son application dans le domaine industriel.

   car / pourquoi / mais

   Par contre / Donc / Enfin

5. Ils ont démarré ce projet .... tous les avis des experts et uniquement parce qu'on leur a promis un financement important.

   en effet / malgré / parce que

16. La prise de parole

Écoutez et dites s'il s'agit du début, du milieu ou de la fin d'une prise de parole. Identifiez l'expression utilisée.

enr.	expression utilisée	début	milieu	fin
1.	....	☐	☐	☐
2.	....	☐	☐	☐
3.	....	☐	☐	☐
4.	....	☐	☐	☐
5.	....	☐	☐	☐
6.	....	☐	☐	☐
7.	....	☐	☐	☐
8.	....	☐	☐	☐

PARCOURS 1 : EXPLIQUER ET FORMULER DES HYPOTHÈSES

Séquence 1
Explications

Page 8

Vous avez une explication ?

Dialogue témoin :

– Vous avez un carton d'invitation ?

– Non.

– Alors, je suis désolé, mais vous ne pouvez pas entrer !

1. – Je suis désolé, madame, mais nous ne pouvons pas accepter votre chèque !

– Et pourquoi donc ?

– Vous avez fait un chèque en francs. Je vous signale que ça fait deux ans que nous sommes passés à l'euro !

– Bon, ce n'est pas grave, je vais vous en faire un autre !

2. Le lancement de la fusée Ariane 4 a été reporté en raison des mauvaises conditions climatiques qui règnent sur la région.

3. L'utilisation du téléphone portable par les automobilistes est responsable de nombreux accidents. Rappelons que vous risquez une amende si vous utilisez votre mobile au volant.

Page 9

Coutumes

On fait des farces pour le 1er avril parce qu'autrefois le premier jour de l'année était le jour de Pâques.

Les farces que l'on fait le 1er avril sont une coutume récente.

En France, on se fait des cadeaux le 1er avril.

Sur le toit des maisons des Français, il y a souvent un coq.

Le symbole du coq est d'origine gauloise.

Le coq est symbole de fécondité car il pond des œufs.

Les coqs que l'on voit souvent au sommet des églises sont là pour défendre les villages.

Le drapeau bleu, blanc, rouge était le drapeau des rois de France.

Le drapeau bleu, blanc, rouge existe depuis une centaine d'années.

Les rois de France avaient un drapeau blanc.

Le drapeau français est un mélange du drapeau des rois de France et de celui de la ville de Paris.

Page 10

Vous avez fait un bon voyage ?

1. En raison d'un incident technique sans gravité, nous sommes dans l'obligation de faire demi-tour vers l'aéroport Charles de Gaulle.

2. Suite à un arrêt de travail de certaines catégories de personnel, les trains en direction de Lyon, Marseille et Nice sont annulés. La SNCF présente ses excuses à ses passagers et les invite à s'adresser au bureau d'informations.

3. Météo : les violents orages qui ont traversé le pays ont provoqué d'énormes bouchons sur l'autoroute A6. Des centaines d'automobilistes se sont retrouvés bloqués près d'Auxerre.

4. Désolée, monsieur, mais il est 2 heures du matin ; je ne pensais plus que vous arriveriez. Alors, j'ai donné votre chambre à un client de dernière minute.

5. En raison de l'absence du PDG du groupe Harmonie, M. Lemarque, victime d'un accident de chasse, la réunion est reportée au 15 juin.

Page 11

Vous n'avez pas lu l'affiche ?

1. – Bonjour, M. Lemoine. Vous avez fermé votre boulangerie ?

– Oui. Ma fille se marie.

– Ah bon…

– Vous n'avez pas vu l'affiche ?

2. – Allô, Béatrice ? C'est Cédric. Je passe te prendre pour le concert de Melissa Matisse ?

– Tu n'as pas lu le journal ? Le concert est annulé.

– Ah, non !

– Si. Elle a une extinction de voix. Dur pour une chanteuse !

3. – Allô, Mme Bouzigue ?

– Oui.

– C'est M. Caron, le locataire du 3e. Il n'y a plus d'eau chez moi. Qu'est-ce qui se passe ?

– C'est à cause des travaux. Vous n'avez pas lu l'affiche ?

Page 13

De bonnes raisons

Dialogue témoin :

Tiens, Mathieu n'est pas là. C'est bizarre, il est toujours à l'heure…

1. – Allô, monsieur Dubuisson ?

– Oui… Qui est à l'appareil ?

– C'est mademoiselle Garcin, votre secrétaire.

– Vous savez qu'il est trois heures du matin à New York ? J'espère que vous avez une bonne raison pour me téléphoner !

2. – Tu sais que Marielle a quitté Jean-Jacques ?

– Ah, non ! je ne savais pas. Elle t'a dit pourquoi ?

3. – Fabien a trouvé du travail ?

– Non, je ne crois pas.

– Je l'ai vu passer au volant d'une superbe voiture de sport…

Page 14

J'en perds mon latin

Rosa, rosa, rosam, rosae, rosae, rosa, rosae, rosae, rosas, rosarum, rosis, rosis

Séquence 2
Éventualités

Page 15

Proverbes

Dialogue témoin :

Je voudrais remercier l'ensemble du personnel. Si notre entreprise est devenue performante, c'est grâce aux efforts de tous. Comme dit le proverbe : *Les petits ruisseaux font les grandes rivières…*

1. – Ralentis, sinon on va casser le moteur !

– Mais non…

– Et le voyant rouge qui clignote, qu'est-ce que c'est ?

– C'est l'huile.

2. Si vous voulez progresser en français, il n'y a pas trente-six solutions : il faut pratiquer, pratiquer, encore pratiquer… Il faut accepter de se tromper, de faire des erreurs…

3. Tant pis pour lui, s'il n'est pas là, on commencera sans lui !

4. Si tu ne sais pas comment ça marche, surtout ne touche à rien !

Page 16

Qu'est-ce que je fais si…

Dialogue témoin :

– Excusez-moi de vous déranger, M. Lafont, mais M. Guichard a téléphoné : il souhaiterait vous rencontrer.

– Guichard ? Quel pot de colle ! Pourquoi est-ce qu'il veut me rencontrer ?

– Il dit que vous n'avez pas encore réglé ses factures. Qu'est-ce que je lui dis s'il rappelle ?

– Dites-lui qu'en ce moment, je suis débordé.

– Et s'il insiste ?

– Proposez-lui un rendez-vous pour le 30 juin, à 13 heures.

– Mais c'est la finale du Mondial ! Et c'est un passionné de football. Il est président d'un club de football.

– Ce n'est pas mon problème.

– Et s'il demande une autre date ?

– Première semaine de juillet.

– Mais c'est en juillet qu'il prend ses vacances !

– Et alors ? Est-ce que je pars en vacances, moi ?

Page 17

Dans ce cas...

Dialogue témoin :

– Ça y est, on attend un enfant !

– Ah, bon ! Et c'est pour quand ?

– Pour le mois de décembre !

– Vous savez déjà si c'est une fille ou un garçon ?

– Non, pas encore. Si c'est une fille on l'appellera Juliette et si c'est un garçon, on l'appellera Julien.

– Et si vous avez des jumeaux ?

– Dans ce cas...

1. – Vous avez reçu mon billet de train pour mon voyage de demain à Lorient ?

   – Oui, le voilà. Mais à la radio, ils ont annoncé des grèves pour demain.

2. – Je vais passer le week-end à Cannes.

   – Et tu vas dormir où ?

   – À l'hôtel.

   – Ça va être difficile de trouver une chambre d'hôtel pendant le festival de Cannes !

3. – Vous êtes sûr que les travaux seront terminés pour le 1er juillet ?

   – On va essayer.

   – Parce que je dois quitter mon appartement actuel le 30 juin. Après, moi, je serai à la rue !

4. – Alors, ce bac, ça s'est bien passé ?

   – Moyen. J'aurai les résultats demain.

   – Et si tu le rates ?

Page 19

Intentions

Série 1

Dialogue témoin :

Si vous ne faites pas le silence immédiatement, j'appelle le directeur !

1. Si vous voulez payer moins d'impôts, si vous exigez plus de sécurité et plus de justice sociale, dimanche prochain, votez pour nos candidats !

2. Si tu ranges ta chambre, ce soir, je t'emmène au cinéma.

3. Si ça ne vous dérange pas, vous pouvez m'emmener à l'aéroport ? Ma femme a pris la voiture pour faire du shopping.

4. Si vous allez à Toulouse ce week-end, je connais un excellent restaurant : *La Cloche d'Or*. Le patron est un ami. Vous pouvez y aller de ma part. Il fait le meilleur cassoulet de la région. C'est vrai, ce n'est pas très bon pour votre ligne, mais vous allez vous régaler.

5. Si vous ne faites pas un régime, vous risquez des problèmes de santé.

Série 2

Dialogue témoin :

Si vous êtes gentil, je vous fais écouter des chansons françaises.

1. Je voudrais vous mettre en garde. Dimanche, si nos adversaires gagnent

les élections, ce sont nos libertés qui sont menacées !

2. Si tu ne ranges pas ta chambre, tu es privé de télévision pendant quinze jours !

3. Si ma femme n'est pas là avec la voiture, c'est vous qui m'emmènerez à l'aéroport.

4. Si vous êtes libre ce week-end, je vous emmène à Toulouse. On visitera le Capitole et je vous ferai découvrir des petits restaurants très sympas.

5. Si vous voulez retrouver votre poids idéal, vous devez éviter certains aliments.

Page 21

C'est un ordre ?

Dialogue témoin :

a) Vous avez fini ce travail ?

b) J'espère que vous aurez fini avant la fin de la semaine.

c) Je veux que vous finissiez ce travail avant midi !

1. a) J'espère que tu seras à l'heure !

   b) Il faut que tu sois là à 8 heures !

   c) Tu es là, ce matin ?

2. a) Vous pensez qu'il fera beau demain ?

   b) J'aimerais qu'il fasse beau demain.

   c) Je doute qu'il fasse beau demain.

3. a) Si tu veux, je passe demain chez toi.

   b) Je veux que tu passes d'abord chez Hélène.

   c) Et si tu passais chez moi à 9 heures ?

Page 22

Voilà ce qu'il faut faire...

Dialogue témoin :

Il faut que tu fasses des efforts, si tu veux ta guitare électrique pour ton anniversaire, sinon...

Page 22

Exercice : le subjonctif (1)

1. a) Je pense qu'elle fera des rencontres agréables pendant ces vacances.

   b) Je lui souhaite de faire des rencontres agréables pendant ces vacances.

   c) Je souhaite qu'elle fasse des rencontres agréables pendant ces vacances.

2. a) Je crois qu'il pourra venir me retrouver à la gare.

   b) Je voudrais bien qu'il puisse me retrouver à la gare

   c) Il pense pouvoir me retrouver à la gare, mais il n'en est pas sûr.

3. a) Il veut aller avec moi chez le médecin.

   b) Il veut que j'aille avec lui chez le médecin.

c) Il espère que j'irai avec lui chez le médecin.

4. a) Est-ce que vous pourriez être à 8 heures à l'aéroport ?

   b) J'aimerais que vous soyez à 8 heures à l'aéroport.

   c) Si tu veux, j'y serai à 8 heures.

Page 23

Je suis bien sur la photo ?

Dialogue témoin :

On va voir si tu as le sens de l'observation. Regarde bien la photo et écoute-moi. Tu vas essayer de trouver de qui je parle.

Mon patron, c'est l'homme qui fume la pipe. Facile. La responsable du personnel, c'est une personne que tu peux reconnaître grâce à son chapeau original. Mon collègue de bureau maintenant : c'est l'homme qui parle à sa voisine. Un peu plus difficile, l'informaticien ; c'est celui qui était mal réveillé ce matin. Et là, la secrétaire du patron, c'est celle que tout le monde regarde et qui sourit. Enfin, le dernier, c'est moi, derrière le caoutchouc, à côté de la responsable du service de communication qui adore les plantes vertes.

Page 24

Façons de parler...

Dialogue témoin :

Vous faites le total, vous le multipliez par 3, non par 4. Par 3 ou par 4. Vous divisez le total par la différence...

1. Et surtout, il faut travailler, travailler encore travailler. N'oubliez pas : le travail, c'est ce qu'il y a de plus important dans la vie. Et maintenant, au travail !

2. Je suis furieux ! Vous êtes tous des incapables ! Vous ne pensez qu'à vous amuser !

3. Silence ! Silence ! Taisez-vous !

4. Qu'est-ce que vous disiez ? Excusez-moi, mais je pensais à autre chose.

5. – Que pensez-vous de la politique du gouvernement ?

   – Je n'ai pas d'opinion sur la question.

   – Allez-vous accorder des augmentations de salaire ?

   – Il est trop tôt pour en parler.

6. Il fait beau aujourd'hui. C'est une journée très agréable, mais ça ne va pas durer...

7. L'appétit vient en mangeant, mais la valeur n'attend pas le nombre des années. Et en plus, il n'y a pas de sel !

8. – Votre projet est très intéressant. Vous vivez seule ou chez vos parents ?

   – Seule.

   – Vous êtes libre, ce soir ?

9. Vous ne savez pas que je suis né près de Perpignan ? Mon père était maire

d'un petit village. J'ai passé là-bas une enfance merveilleuse !

10. *Guten Tag ! Ich bin Deutsch. Sprechen Sie Deutsch ?*

11. C'est vraiment splendide ; le bleu du ciel, le blond des blés, le vert tendre des prés… J'aime respirer les mille senteurs de la forêt.

12. Je songe à me marier. Avoir mes chemises repassées, mon linge toujours propre. Entendre chantonner ma petite femme dans la cuisine pendant qu'elle prépare le repas ; c'est ça, le vrai bonheur…

Page 25
Une soirée ratée

– Alors, ça s'est passé comment ta soirée avec Julie ?

– Pas trop bien… Le matin, on s'était donné rendez-vous au café Le *Rendez-Vous* pour le soir à 8 heures. Elle est arrivée vers 9 heures et demie. Elle avait laissé son sac avec l'adresse du rendez-vous à son bureau. Le temps de repasser à son bureau… Je lui ai proposé d'aller au restaurant, mais elle avait déjà mangé avant de partir. J'avais acheté deux places pour une comédie musicale, car elle m'avait dit qu'elle aimait bien ça, mais elle y était allée deux jours avant. Je lui dis : « Ce n'est pas grave, on va au ciné, on pourrait aller voir le dernier film de Besson, *Taxi 4* ». Bien sûr, elle l'avait déjà vu, la veille, avec un copain. On choisit un autre film, on s'installe. Elle ouvre son sac : elle avait oublié ses lunettes à la maison. Elle est myope comme une taupe. Il était plus de 11 heures. Alors, elle m'a demandé de la raccompagner chez elle parce qu'elle était un peu fatiguée. J'avais garé ma voiture devant le café *Le Rendez-Vous*. On arrive devant le café : plus de voiture !

Page 26
Tranches de vie
Dialogue témoin :

Moi, c'est Marc. Je suis de retour à Lyon, la ville où j'ai fait mes études, de 78 à 83. Après, je suis parti à l'étranger, au Pérou où je suis resté quatre ans puis au Venezuela pour cinq ans. C'est là que j'ai rencontré une fille que je connaissais, Maria. Je l'avais connue à la fac, à Lyon. C'était sa première année de médecine, moi, j'étais en dernière année. À la fin de ses études, elle était rentrée au Venezuela. Nous nous sommes mariés juste avant mon départ. Elle doit me rejoindre à Lyon dans un mois.
Dialogue 2 :

Ils se sont rencontrés à Bordeaux. Il était venu là pour chercher du travail. Quand il

est parti à Toulouse, elle l'a suivi. Elle, elle était née à Lille, dans le Nord, où son père s'était installé dans les années soixante.

Page 26
Exercice : le plus-que-parfait

1. Vous étiez déjà venu ici ?
2. Oh, zut ! J'avais presque réussi !
3. Qu'est-ce que tu voulais dire ?
4. À midi, tout était fini.
5. Désolée, je n'avais pas entendu !
6. Je n'avais pas tout compris.
7. Vous avez terminé ?
8. C'est dommage, j'avais fait un bon gâteau !
9. Vous saviez faire, ça !
10. Qu'est-ce que vous avez fait ?
11. Je vais trouver une solution.
12. Je vous avais dit de rester là !

Séquence 4
Hypothèses

Page 27
Si l'on chantait…
Chanson témoin :
Si j'avais un marteau
Je cognerais le jour
Je cognerais la nuit
J'y mettrais tout mon cœur
Je bâtirai une ferme
Une grange et une barrière
Et j'y mettrai mon père
Ma mère, mes frères et mes sœurs
Oh, oh, ce serait le bonheur…

La la la la la
Je saurais dire tant de ces choses
Tant de ces mots qu'elle ne dit pas
De sa voix douce à en frémir
La la la la la
Je ne voudrais pas de tous ces songes
De tous ces drôles de mensonges
Qu'elle s'invente pour s'enfuir

Si j'étais garçon
Au lieu d'être fille
La la la la la
La la la la la
On ne me dirait pas
« D'où viens-tu ma fille
Et avec qui »
Et patati
Si j'étais garçon

Si j'avais des millions
Tchiribiribiribiribiriboum
Tout le jour à Bidibidiboum
Ah ! si j'étais cousu d'or
La la la la la
Tchiribiribiribiribiriboum
Si j'avais quelques mini-millions
Tchiribiribiriboum

S'il suffisait qu'on s'aime, s'il suffisait d'aimer
Si l'on changeait les choses un peu, rien qu'en aimant donner
S'il suffisait qu'on s'aime, s'il suffisait d'aimer
La la la la la

Si j'étais elle
Je saurais dire tant de ces choses
Tant de ces mots qu'elle ne dit pas
De sa voix douce à en frémir
Si j'étais elle
Je ne voudrais pas de tous ces songes
De tous ces drôles de mensonges
Qu'elle s'invente pour s'enfuir

Si j'étais garçon
Au lieu d'être fille
Je pourrais danser
Et puis rentrer tard à la maison
On ne me dirait pas
« D'où viens-tu ma fille
Et avec qui »
Et patati
Si j'étais garçon

Si j'avais des millions
Tchiribiribiribiribiriboum
Tout le jour à Bidibidiboum
Ah ! si j'étais cousu d'or
Je travaillerais moins fort
Tchiribiribiribiribiriboum
Si j'avais quelques mini-millions
Tchiribiribiriboum

S'il suffisait qu'on s'aime, s'il suffisait d'aimer
Si l'on changeait les choses un peu, rien qu'en aimant donner
S'il suffisait qu'on s'aime, s'il suffisait d'aimer
Je ferais de ce monde un rêve, une éternité

Page 28
Avec des si
Dialogue témoin :

– Si je n'étais pas milliardaire, je ne posséderais pas un yacht et deux villas sur la Côte d'Azur et ma femme ne roulerait pas en Porsche !

– Si j'avais beaucoup d'argent, je changerais de voiture, j'achèterais une Cadillac ou une Porsche…

1. Si je pouvais choisir ma nationalité, je serais française ou belge ou québécoise ou suisse, c'est-à-dire un endroit où on parle français.
2. Si je n'étais pas né en France mais en Italie, j'aurais la double nationalité.
3. S'il parlait français, je le comprendrais.
4. Si moi parler français, moi comprendre vous.

5. Si j'en avais la possibilité, je partirais en vacances.

6. Si j'étais à mon bureau, à Paris, je vous rencontrerais très volontiers mais j'ai pris quelques jours de congés. Je suis chez des amis, dans le Pays basque.

7. Si je pouvais changer de métier, je serais comédien, pas libraire.

8. Si j'étais libraire, je lirais tous les livres que je vends.

Page 30
Le patron est malade
Dialogue témoin :

Si ma femme n'avait pas insisté pour aller passer le week-end à Courchevel, je ne serais pas au lit avec une bronchite et 40 de fièvre !

1. – Vous auriez pu me prévenir ! Je n'aurais pas fait 400 km aller et retour pour rien !
   – Mais je vous ai envoyé un fax !

2. Si tu ne m'avais pas prévenu, j'aurais fait le voyage pour rien !

3. Si le patron n'était pas tombé malade, à la réunion de mardi à Bordeaux, j'aurais été nommé sous-directeur à la place de cet imbécile de Lambert !

4. Si la réunion avait eu lieu, je serais au chômage…

Page 31
Ah ! si je pouvais…
Dialogue témoin :

– Si j'avais pu choisir mon métier, j'aurais voulu être cosmonaute.

– Quel est votre métier actuellement ?

– Je suis astronome, à l'observatoire de Meudon. Mon travail, c'est l'espace, mais vu d'en bas !

1. Si je pouvais choisir, changer de métier, je serais institutrice. Je continuerais à rester en contact avec les autres, comme dans mon métier, mais là, au lieu de toujours recevoir les compliments des uns et des autres, je ferais des compliments, je donnerais tout de moi-même.

2. Si je pouvais faire autre chose que passer 24 heures sur 24 ou presque devant un écran, je serais grand reporter. Je ferais des photos pour un grand magazine que je vendrais très cher.

3. Je suis plombier depuis trente-deux ans, et je ne vois pas du tout ce que je pourrais faire d'autre. J'ai fait ça toute ma vie et je n'ai pas le choix. Quand je rêve, je rêve de robinets et de tuyaux !

4. J'aurais voulu être mannequin. Quel beau métier ! Vous portez les plus belles créations des couturiers, les gens vous regardent, vous complimentent… Mon public actuel a entre six et onze ans, et il ne m'apprécie pas toujours à ma juste valeur !

5. Moi, si j'avais écouté mes parents et poursuivi mes études de droit, je serais avocat ; je ne serais pas tous les jours sur ma mobylette sous la pluie et le mauvais temps à livrer des napolitaines ou des margharitas.

Exercices complémentaires

Page 38
Exercice 9
Les significations de *si*

1. Si tu ne rentres pas avant minuit, tu resteras dehors.

2. Si tu ne gagnes pas assez d'argent, tu ne pourras pas payer ton loyer.

3. Si tu as le temps demain, tu peux m'aider à déménager ?

4. Si tu veux, on pourrait aller au cinéma, demain.

5. Si vous n'avez rien de prévu ce soir, venez à la maison.

6. Si vous n'avez rien à dire, sortez de la salle.

7. Si tu ne sais pas faire l'exercice, parles-en au professeur.

8. Si on gagne à la loterie, je t'offre un superbe voyage.

9. Si vous avez fini l'exercice, commencez le suivant.

10. Si vous avez encore mal, prenez deux cachets.

Page 39
Exercice 14
Imparfait ou plus-que-parfait

1. Je venais dans cet endroit tous les étés.

2. J'avais vingt ans, à l'époque.

3. Il lui avait demandé de le suivre.

4. La veille, nous étions allés chez lui.

5. Je ne vous avais pas reconnue !

6. Et si c'était vrai ?

7. Pardon, je ne t'avais pas vu.

8. Vous aviez raison !

9. Ils s'étaient rencontrés à la piscine.

10. Vous paraissiez bien fatiguée, hier !

Page 40
Exercice 20
L'éventualité (3)

1. Si tu avais cherché méthodiquement, tu aurais trouvé.

2. S'il avait été plus adroit, il aurait pu gagner le concours.

3. Si vous aviez demandé, on vous aurait dit qu'il arrivait toujours en retard.

4. Si j'avais dû faire ce travail seul, je n'y serais jamais arrivé.

5. Ah ! si seulement il avait écouté sa mère, il aurait épousé Sandra.

6. Si vous lui aviez téléphoné, il aurait été le plus heureux des hommes.

7. Si Lucie avait compris mes explications, elle n'aurait pas pris cette route.

8. S'il s'était excusé, il n'aurait pas eu d'amende.

PARCOURS 2 : RAPPORTER DES INTENTIONS, DES POINTS DE VUE

Séquence 5
Discours rapporté

Page 42
Pardon ?
Dialogue témoin :

– Bonjour, mon cher Tryphon. Déjà au travail, ce matin…

– Très bien, merci. Et vous-même ?… Ce petit bobo ?…

1. – Excusez-moi, je suis en retard, qu'est-ce qu'il a dit d'important ?
   a) – Oh, il n'a rien dit d'important, je vous raconterai tout à l'heure, à la pause.
   b) – Il a donné une nouvelle incroyable : on va tous avoir un treizième mois de salaire !

2. Votre attention, s'il vous plaît ! Mesdames et messieurs les voyageurs sont informés que le train en provenance de Grenoble vient d'entrer en gare, quai n° 12, éloignez-vous de la bordure du quai.
   – Quel quai ? Qu'est-ce qu'il a dit ?
   a) Il a dit que le train à destination de Grenoble avait une heure de retard.
   b) Je ne sais pas, je n'ai pas entendu.

3. – Qu'est-ce qu'ils voulaient ?
   – Voir la maison de Victor Hugo.
   – Et qu'est-ce que tu leur as dit ?
   a) – Ben, je leur ai dit qu'elle était de l'autre côté de la place, là, juste en face.
   b) – Ben, je leur ai dit que Victor Hugo avait déménagé.

4. – Non ! C'est incroyable ! Vraiment ?
   – Qu'est-ce qu'elle dit ? Qu'est-ce qui est incroyable ?
   – Chut ! tais-toi ! Je ne l'entends pas ! Allô ? Ça, alors !
   – Mais qu'est-ce qu'elle dit ?
   a) – Elle dit qu'elle a gagné un million d'euros au loto !
   b) – Elle dit qu'elle a raté son permis de conduire !

Page 43
Je n'ai pas tout compris !
Dialogue témoin :

Demain nous allons visiter le château de Versailles. Je vous donne rendez-vous à 9 heures dans le hall de l'hôtel.
Soyez à l'heure : le car part à 9 heures 30 précises. Nous ne pourrons pas attendre les retardataires. Vous aimeriez voir un spectacle de variétés vendredi soir ?

Discours rapporté témoin :

– Il est à quelle heure, le rendez-vous, demain ?

– Il a dit qu'on se retrouvait à 10 heures dans le hall de l'hôtel.

1. Voici les prévisions pour la journée de demain. La matinée sera pluvieuse en Bretagne et les pluies gagneront dans l'après-midi l'Est puis le Sud de la France. Il fera très froid, en particulier à Paris, et les routes seront verglacées en début de matinée. Enfin, il neigera à partir de 1 000 mètres en montagne.

Discours rapporté :
– Alors, il va faire beau demain ?
– Non, ils ont dit qu'il pleuvrait et qu'il ferait très froid. Ils ont aussi annoncé qu'il y aurait de la neige en montagne.

2. Nous sommes heureux de vous accueillir dans notre société. Vous commencerez lundi prochain. Pouvez-vous venir exceptionnellement demain vendredi à 8 heures pour régler les formalités administratives ?

Discours rapporté :
– Allô, chéri, ça y est, tu es engagé ?
– Oui, je commence lundi. Le patron m'a demandé si je pouvais y aller lundi à 8 heures pour signer le contrat.

3. – Je t'appelle de Marseille.
   – Quoi ? Tu es encore à Marseille ?
   – Ben oui, j'ai raté mon train. Je prends le prochain, j'arriverai vers les 9 heures. Bises !

Discours rapporté :
– Qu'est-ce qui se passe ? Son train a du retard ?
– Oui, elle a dit qu'elle l'avait raté.

4. – Allô, André ? C'est Magali.
   – Salut, Magali.
   – J'aimerais bien aller au ciné, ce soir.
   – Qu'est-ce que tu aimerais voir ?
   – Le film de Jeunet. Tu sais *Le fabuleux destin*…
   – D'accord. On va à la séance de 20 h ?

Discours rapporté :
– Allô, André ? C'est Lucie.
– Salut, Lucie.
– On se voit ce soir, comme prévu ?
– Non, j'ai beaucoup de travail. Je vais rester à la maison.
– Tu te moques de moi ? Je viens de rencontrer Magali. Elle m'a dit qu'elle allait au cinéma avec toi, ce soir.

Page 44
Messages en tout genre

Dialogue témoin 1 :
Pierre, j'ai une réunion jusqu'à 8 heures, 8 heures et demie. Je rentrerai tard. Ne m'attendez pas, mangez sans moi, préviens les enfants.

Dialogue témoin 2 :
On mange sans maman, elle a laissé un message pour dire qu'elle avait une réunion et qu'elle rentrerait tard.

Message 1 - Allô, Jérôme ? C'est Marielle. Demain, j'arriverai à 10 heures ; je ne pourrai pas rencontrer monsieur

Dutronc. Tu peux le prévenir ?
Message 2 - Bruno ? C'est Olivier. Je viens travailler avec ta sœur, mercredi. J'arriverai dans la matinée. Dis à ta mère que, mercredi, je déjeunerai avec vous.
Message 3 - Charles ? C'est Dominique ! Je pars au Mexique la semaine prochaine. Je ne sais pas quoi faire du chat. Tu penses que madame Legay peut le garder ? Tu peux lui en parler ?
Message 4 - Marion ? J'ai appelé le médecin. J'ai pris un rendez-vous pour Théo mardi soir à 18 heures 30. Tu peux lui demander si ça lui convient ?
Message 5 - Claire, c'est Julie. Maurice a eu un accident, il est à l'hôpital. Tu peux dire à Simone que ce n'est pas grave et qu'elle ne s'inquiète pas. Je me suis occupée des enfants.
Message 6 - Allô ? c'est Antoine ! J'ai vu monsieur Durand, je lui ai parlé de Marie. Il va la recevoir mercredi. Tu peux la prévenir ? Elle a rendez-vous à 9 heures à son bureau.

Page 45
Interprétations

Série 1
1. Désolé, vous ne pouvez pas entrer !
2. Bon, d'accord, vous pouvez entrer !
3. Entrez, je vous en prie !
4. Entrez immédiatement !

Série 2
1. Non, merci, je n'ai pas besoin de vous. Je vais faire ça toute seule.
2. Ne restez pas les bras croisés ! Il ne va pas monter tout seul au 6ᵉ étage, ce piano à queue !
3. Je te remercie, c'est très gentil de ta part. Tu t'occupes de la vaisselle et moi, je passe l'aspirateur…
4. Tu ne sais pas quoi faire ? Tu pourrais peut-être tondre la pelouse ?

Série 3
1. – Et votre musique préférée ?
   – J'aime toutes les musiques. J'écoute beaucoup de musique latino-américaine. Vous avez encore des questions ?
2. – Vous cherchez du travail ? Je crois que j'ai quelque chose pour vous. La vente par téléphone, ça vous intéresse ?
3. – Je n'aime pas sa peinture. C'est toujours pareil.
   – Vous ne pouvez pas dire ça de Miro !
4. J'aimerais savoir quels sont vos projets pour les années à venir.

Page 46
Comme à la radio

Dialogue témoin :
Et encore bravo pour votre médaille d'or aux Jeux Olympiques ! La France entière vous félicite ! Demain, notre invitée sera la ministre de la Culture.

1. Amoureux de la littérature, ne ratez pas *Un livre, un jour*, la nouvelle émission quotidienne qui vous fait découvrir l'actualité littéraire.
2. Bonne journée pour les valeurs françaises, comme pour tous les autres indices boursiers. En effet, le CAC 40, le Dow Jones et le Nasdac terminent en hausse.
3. Ce n'est pas parce qu'on est le fils d'Alain Melon que l'on est un bon comédien. Ce premier film de Frédéric Melon en est la preuve !
4. Et pour terminer, si vous avez un peu d'argent à investir en bourse, je vous conseille France Med et Spumex, deux valeurs d'avenir.
5. Je recommande à tous ce petit roman qui raconte avec beaucoup d'humour une histoire simple, celle de quelqu'un qui pourrait être vous, qui pourrait être moi…
6. Merci, Claude Leborgne ; cet entretien était passionnant. Si vous voulez en savoir plus, vous pouvez assister à la conférence qu'il donnera demain à 17 heures à La Villette. Entrée libre et gratuite, bien entendu.
7. Pierre Legrand est avec nous aujourd'hui. Mais il n'est pas venu seul. Il est accompagné de son grand orchestre, c'est-à-dire de ses 45 musiciens. Nous avons le plaisir de vous inviter à venir l'écouter ce soir à 18 heures à la Maison de la Radio. L'entrée est libre et gratuite, dans la limite des places disponibles.
8. Si vous n'avez rien d'autre à faire, mais alors, vraiment rien d'autre, allez voir *L'amour de ma vie*. Vous pourrez dire à vos amis : « N'y allez pas, je l'ai vu ! ».

Page 46
Déclarations

Dialogue témoin :
– Non, je n'accepterai jamais de faire de la publicité ! Je suis une sportive, pas une vendeuse de supermarché !
– Vous refusez de faire de la publicité ? Vous êtes bien la seule !

1. Finalement, je n'irai pas à Milan la semaine prochaine.
2. Il n'en est pas question ! Je ne veux pas rencontrer ce monsieur !
3. J'ai fait ce film parce que le scénario était très intéressant et que le sujet me plaisait.
4. J'organise une petite fête, samedi, à la maison. J'espère que vous serez tous là !
5. Je dis bravo à tous mes collaborateurs ! Bravo pour votre travail ! Bravo pour l'esprit d'équipe qui vous anime !
6. Je suis tout à fait d'accord avec cette décision !

7. Non, monsieur l'inspecteur. Ce n'est pas moi qui ai fait ce cambriolage. Je n'étais pas à Paris, mais chez ma mère, à Bègles.

8. Oui, c'est vrai… Vous avez raison. J'ai commis quelques erreurs. Je reconnais que le blocage des salaires et la suppression de l'impôt sur les grandes fortunes ne sont pas très populaires.

9. Vous me posez une question embarrassante. Je ne sais pas si je peux vous répondre.

Page 47
États d'âme
Dialogue témoin :

– Je ne suis absolument pas d'accord avec vous ! Cette décision est injuste !

– Je regrette, mais c'est comme ça ! Continuez à contester ma décision et vous aurez droit au carton rouge !

1. Je vous remercie ! C'est une excellente nouvelle que vous venez de nous apprendre !

2. Ça fait une heure que je vous attends ! Je vous préviens, si vous n'êtes pas là dans trois minutes, ça va très mal se passer pour vous !

3. C'est vous qui avez imaginé ce spectacle ? Bravo ! C'était très drôle. J'ai ri au moins une fois quand l'actrice s'est trompée dans son texte !

4. S'il vous plaît, soyez gentils ! Ne me laissez pas toute seule dans le noir !

5. Parlez-moi de vous, vous avez vécu des aventures passionnantes…

6. Sortez tous calmement, par l'escalier de droite, non de gauche, non celui du milieu, et calmement surtout !

7. Il paraît qu'on va avoir une augmentation de salaire ? Quelle chance ! Ça fait dix ans qu'on attend !

8. Il est fou ! Finir ce travail pour ce soir ! Pas question, c'est toujours la même chose ; plus on en fait, plus on nous en demande !

Page 47
Exercice : intonation expressive
Série 1
1. Allez viens, s'il te plaît, on a besoin de toi !
2. Bon, tu viens et tu ne discutes pas !
3. Tu pourrais venir vers 9 heures.
Série 2
1. Il n'est pas question que tu sortes !
2. Tu peux sortir maintenant.
3. Sors tout de suite, sinon…
Série 3
1. Tu peux m'appeler à 6 heures ?
2. Appelle-moi demain soir, ça me fera plaisir !
3. En cas de problème, vous pouvez m'appeler quand vous voulez. Je vais vous donner mon numéro personnel.

Série 4
1. Reviens vite mais conduis lentement !
2. Tu vas beaucoup trop vite !
3. S'il te plaît, ralentis !
Série 5
1. Bon, d'accord ! Vous pouvez publier cet article.
2. Vous publierez cet article dans le journal de demain !
3. Publier cet article ? Il n'en est pas question !

Page 48
Ma petite entreprise
Dialogue témoin :

Nous sommes réunis aujourd'hui pour fêter le départ de nos collègues, Yves Calmart et Jeanne Soubiran.

Comme vous le savez certainement, ces deux collègues nous quittent pour assurer d'autres tâches dans notre filiale du Brésil. J'imagine qu'ils envisagent avec plaisir leurs nouvelles fonctions, mais je tiens à leur dire que je regrette leur départ. Nous avons tous apprécié la qualité de leur collaboration et c'est en grande partie grâce à eux que notre entreprise est présente sur le marché international.
Je vous souhaite bonne chance de l'autre côté du monde et je lève mon verre à votre succès dans votre nouveau poste.
Dialogue rapporté témoin :
– Alors, je n'ai pas pu assister au pot de départ d'Yves et Jeanne. Il a fait un discours sympa, le patron ?
– Bof, le discours d'adieu habituel. Il a annoncé leur départ pour la filiale de Curitiba et il en a profité pour leur dire tout le bien qu'il pensait d'eux. Il les a remerciés pour le travail qu'ils ont réalisé pour développer des filiales à l'étranger. Et puis il leur a souhaité bonne chance. De toute façon, tu trouveras tout ça dans le petit texte que je vais écrire pour le journal de l'entreprise.

Page 48
Exercice : discours rapporté
1. Vous avez fait un excellent travail !
2. Je vous ai attendu pendant deux heures ! Où étiez-vous ?
3. Ce dossier est incomplet, il faut le refaire ! Soyez plus professionnel !
4. C'est très bien ! N'arrêtez pas !
5. Vous avez fait un très bon travail ! Il est vraiment excellent !
6. Écoutez, monsieur Charpin, je ne supporte plus vos retards !
7. Tiens, Édouard, vous êtes à l'heure aujourd'hui. Qu'est-ce qui vous arrive ?
8. Si vous recommencez, vous aurez à faire à moi !

Page 49
Messages
Dialogue témoin :
– Ce soir, quand on est arrivé au théâtre, la représentation était annulée…
– Moi, j'y suis allé hier soir, après on est allé au restaurant. Toute la troupe est arrivée juste après nous. L'actrice a commandé des moules. Elle en a mangé au moins deux kilos !
– Ah ! je comprends !
1. – C'était bien hier, il y avait beaucoup de monde ! Des vieux, des jeunes… On va gagner, j'en suis sûr !
   – Tu parles, on n'obtiendra jamais la possibilité de rouler tranquillement, il y a trop de voitures et, du point de vue économique, on n'est pas rentables !
   – Toi alors, toujours pessimiste !
2. – Tiens, on n'entend plus l'affreux chien des voisins.
   – Tu n'es pas au courant ? Il y a des affiches dans tout le quartier !
   – Non, je n'ai rien vu. Qu'est-ce qui s'est passé ?
   – Il a fait une fugue.
3. – Tu as lu ton courrier ?
   – Non, pourquoi ?
   – On a un jour de congé !
   – En quel honneur ?
   – Pour le sommet européen.
   – Alors, si on a un jour de congé, je pars à la campagne !
4. – Malika et Jérôme ont une petite fille !
   – Elle s'appelle comment ?
   – Élena.
   – Élena ? C'est un joli nom.

Page 50
Documents
Dialogue témoin :
– Allô, Florence, c'est Bruno.
– Ah, Bruno ! Ça va ?
– Ben non, ça ne va pas du tout. J'ai la grippe. J'ai 40 de fièvre et très mal à la tête.
– Bon, j'ai compris. Je préviens les étudiants que tu ne peux pas venir.
– Ben, oui. Préviens-les que le cours est reporté à lundi, même heure.
– Allez, soigne-toi bien. Salut !
1. – Allô ? Tu es là ? Décroche ! Bon, je te laisse un message mais je te confirmerai par mél. Impossible pour samedi, je ne rentrerai que lundi ; j'ai un rendez-vous super important et donc, je suis obligée de rester. Lundi, je prendrai le dernier vol pour être à la maison pour dîner. Je t'embrasse.

2. – Allô, Charlotte ? Dis donc, toi qui as plein d'idées de recettes, tu peux m'en passer une ? J'ai toute la famille à manger demain soir et je ne sais pas quoi leur faire.
– Attends, laisse-moi réfléchir… Ah, oui ! je fais ça quand j'ai du monde à manger et pas le temps de préparer. Tu as de quoi noter ?
– Je t'écoute.
– Tu achètes des spaghettis et des tomates, de l'ail, des oignons. Tu fais cuire tes tomates avec les oignons coupés en lamelles, de l'ail et du thym. Tu mets du sel, du poivre. Ensuite, tu fais cuire tes spaghettis huit minutes, pas plus, et tu sers ! Tout le monde adore les pâtes !

3. – Allô, c'est toi Guillaume ? Tu connais la nouvelle ?
– Oui, il faut réagir. On ne peut pas les laisser faire, sinon, dans un an, l'entreprise est fermée et on est tous au chômage ! Qu'est-ce qu'on fait ?
– On organise une réunion pour informer tout le monde.
– D'accord, je prépare le texte. Je vais annoncer la nouvelle puis expliquer comment on pourrait s'organiser pour éviter cette catastrophe. On fait la réunion demain matin à 9 h à la cantine.
– D'accord. À demain.

4. – Est-ce qu'on peut se voir la semaine prochaine, c'est très important !
– Non, la semaine prochaine, impossible, je suis très pris.
– Vous pouvez peut-être déplacer ou annuler des rendez-vous ?
– Attendez, je regarde. Lundi, on a notre réunion de bureau toute la matinée, l'après-midi, je reçois un client qui vient de Moscou. Mardi et mercredi, je suis en déplacement à Orléans. Jeudi matin, je vois mon notaire, je déjeune avec mon banquier et l'après-midi, je suis avec madame Robert pour faire le budget. Vendredi matin, je suis à la piscine et l'après-midi, je ne suis pas là.
– Ah bon, on se voit donc vendredi matin, supprimez la piscine !
– Bien, monsieur le directeur.

Page 51
J'ai laissé un message
Dialogue témoin :
– Tu peux faire les courses pour ce soir ? Il n'y a plus rien dans le frigo.
– D'accord. Qu'est-ce que j'achète ?
– Tu passes chez le boucher du coin de la rue et tu prends cinq tranches de jambon. Prends aussi un peu de pâté et des olives pour mettre dans la salade et n'oublie pas le pain !
– OK, ne t'inquiète pas.

1. Allô ? Henri, c'est Alain. Je pars demain en Allemagne pour deux jours. Est-ce que tu peux passer à la maison pour arroser les plantes et descendre la poubelle ? Désolé, je n'ai pas eu le temps de le faire. Sors le chien et n'oublie pas de prendre le courrier dans la boîte. Pour les clés, tu les prends comme d'habitude, chez madame Michel. Merci, hein, je compte sur toi !

2. – Allô, l'hôtel de la Plage ? Bonjour, monsieur. Vous avez encore des bungalows pour le mois de juillet ?
– Attendez, je regarde… Pour quelles dates, en juillet ? C'est déjà complet pour la deuxième quinzaine.
– Non, moi, c'est pour la première semaine, du 2 au 10.
– Oui. Pour combien de personnes ?
– Nous serons trois adultes et un enfant.
– Il n'y a que trois lits dans les bungalows.
– Est-ce que vous pourriez ajouter un petit lit ?
– Oui, on peut faire ça, pas de problème ! Vous arriverez avant 18 heures ?
– Oui, oui, nous pensons arriver en fin d'après-midi, vers 17 heures.
– Pour la réservation, j'ai besoin d'un chèque de 200 euros.
– D'accord, je vous envoie ça. Mon nom, c'est Pierre Leduc.
– Bien, au revoir, monsieur Leduc.
– Au revoir, monsieur.

Page 52
Tu peux noter ?
Dialogue témoin :
– Alors, c'est toujours d'accord pour samedi chez toi ?
– Bien sûr ! Tu sais comment y arriver ?
– Non.
– Eh bien, tu as de quoi noter ? Après Grenoble, tu prends la direction de Sisteron.

Tu suis cette direction jusqu'à Serres. En arrivant à Serres, au rond-point, tu tournes à droite et tu vas jusqu'à l'église du village et là, tu prends la rue qui est juste en face de l'église. Tu passes un premier pont, puis, tout de suite après, un deuxième. Et là, tu verras la maison sur ta gauche. Tu ne peux pas la manquer ! C'est la dernière maison du village !

Page 53
Tu as écouté les infos ?
Dialogue témoin :
Nous venons à l'instant d'arrêter deux vieilles dames de la maison de retraite du

quartier des Peupliers. Elles nous ont expliqué qu'elles venaient de fêter leurs 90 ans et voulaient s'offrir un bon déjeuner dans le meilleur restaurant de la ville. Elles sont parties sans payer l'addition qui était de 280 euros.

1. – Monsieur le ministre des Transports, le gouvernement précédent avait décidé de construire un troisième aéroport près de Paris. Et vous, qu'allez-vous faire ?
– Je n'ai pris aucune décision. Nous allons réunir un groupe de travail et consulter les intéressés.

2. – Écoutons cette déclaration du président de Météo-France :
– Plusieurs accidents ont eu lieu ce week-end en Bretagne à cause des vents extrêmement violents qui ont provoqué des chutes d'arbres sur les routes. Je vous rappelle que nous avions prévenu la population et déclenché une alerte rouge.

3. Attention lorsque vous prenez de l'argent au distributeur ! Nous venons d'arrêter deux malfaiteurs à Marseille. Il s'agit d'une affaire de détournement de cartes bancaires dans les distributeurs de billets de banque. Les malfaiteurs avaient écrit : *Si votre carte est bloquée dans le distributeur, ne paniquez pas et composez votre code confidentiel à trois reprises…* Ils regardaient le numéro de code et récupéraient alors la carte…

Page 54
Un bon plan
1. – C'est de qui ce message ?
– Ben, lis-le.
– Et alors, qu'est-ce que tu vas faire ?
– Je n'ai aucune envie de passer le week-end avec lui et je ne sais pas quel prétexte donner.
– Bon, je vais t'aider… Dis-lui d'abord que tu viens tout juste de rentrer du travail et que tu viens de lire son message. Dis-lui aussi que tu as eu une semaine difficile, que tu as beaucoup travaillé, que tu es rentrée tous les soirs à 9 heures. Tu lui expliques que ton patron t'a demandé de rédiger un rapport hyper important et que tu dois le rendre lundi. Propose-lui de déjeuner avec toi lundi et demande-lui de te confirmer.
– Tu crois qu'il va croire tout ça ?
– Tu verras bien !

2. – Tu as lu la lettre de Katharina et Thomas ? On leur répond ?
– D'accord, mais on ne peut pas y aller, alors, qu'est-ce que je leur dis ?

– D'abord tu leur dis qu'on a bien reçu leur lettre avec les photos et que leurs filles sont très jolies. Tu les remercies pour leur invitation et tu leur expliques qu'on a déjà organisé nos vacances.

– Nous vous remercions de votre invitation, mais… ensuite ?

– Tu leur dis qu'on sera en Provence en juillet et tu leur demandes s'ils sont disponibles entre le 15 et le 30 juillet. S'ils ont envie de passer quelques jours avec nous. Qu'est-ce que tu en penses ?

– Ça peut être sympa… Leurs filles ont le même âge que les nôtres, je crois !

Séquence 7
Reprise / anticipation

Page 57
Le gérondif

1. Il est interdit de téléphoner en conduisant.
2. Pierre, tu n'oublieras pas d'éteindre la lumière en sortant.
3. Je suis sûr qu'en cherchant bien, tu trouveras.
4. N'oublie pas d'acheter du pain en rentrant du travail.
5. Tu réussiras le test en répondant à toutes les questions.
6. Si tu as faim, mange un petit sandwich en attendant qu'ils arrivent.

Page 58
Exercice : le gérondif (1)

1. On arrivera bien plus vite en prenant le bus.
2. Tu auras une réduction en achetant ton billet à l'avance.
3. Il a gagné au loto en jouant tous les jours.
4. En cherchant bien, tu trouveras la solution.
5. Il a rencontré Marlène en se promenant sur la plage.
6. Il est tombé malade en mangeant trop de gâteau.
7. Elle travaille en écoutant de la musique.
8. C'est en entendant sa voix que je l'ai reconnu.
9. Tu iras plus vite en passant par ce raccourci.
10. Elle a appris la nouvelle en lisant le journal.

Page 59
Arc-en-ciel

1. Avec lui, on se sent en sécurité. Et puis, il a le cœur sur la main. Il te donnerait sa chemise, si tu en avais besoin.
2. Elle est très belle. Tout le monde la regarde comme si c'était une vedette !
3. J'aime bien la rencontrer. Elle est toujours joyeuse, souriante. Elle s'intéresse à la mode, aux nouvelles technologies et à tout ce qui est un peu mystérieux.
4. Ce que j'aime bien chez lui, c'est son optimisme. C'est un garçon très positif qui ne change pas d'avis toutes les cinq minutes.
5. C'est une fille très énergique, passionnée par tout ce qu'elle fait ! En plus, elle ne manque ni d'intelligence, ni d'humour !
6. Lui, il a toujours une bonne idée à proposer. C'est un garçon très créatif, plein de bonne humeur.
7. C'est une grande séductrice, qui aime bien les contacts avec les gens. Elle n'a pas peur de dire ce qu'elle pense.
8. Ce n'est pas quelqu'un qui ne pense qu'à l'argent. C'est quelqu'un qui réfléchit, qui se pose des questions.

Page 60
Mais de quoi parlent-ils ?

1. – Quand tu auras fini, tu peux me le passer ? J'adore les histoires de marins !
   – Alors, tu vas aimer.
2. – Vous devriez lui en offrir, elle adore en porter !
   – Vous croyez que ça lui plaira ?
3. – Vous m'en donnerez 1 kg.
   – Vous ne voulez pas que je vous en mette un peu plus ?
4. – Il vous le rendra en bon état, ne vous inquiétez pas, il est très prudent.
   – Lui, peut-être, mais les autres…
5. – Finalement je le lui ai acheté ; c'est son chanteur préféré.
   – Moi aussi, je l'adore. Tu crois qu'elle me le prêtera ?
6. – Tu la lui as achetée de quelle couleur ?
   – Rouge. Elle adore cette couleur !
7. – C'est pour les manger sur place ou je vous fais un paquet ?
   – Vous pouvez nous les donner comme ça, nous les mangerons en route.
8. J'adore leur parfum, j'ai un admirateur qui m'en offre régulièrement.
9. Tiens, tu me le passeras quand tu l'auras lu. Il y a un article sur les ours blancs qui m'intéresse.

Séquence 8
Textes et paroles

Page 61
Germinal
Série 1

1. Émile Zola est un grand réalisateur français. Il a travaillé avec d'autres cinéastes connus, comme Flaubert et Alphonse Daudet et a réalisé de nombreux films adaptés de romans. Le plus connu est *Germinal*. Il ne travaille que le matin et le soir, il joue aux dominos avec ses acteurs.
2. Grand écrivain français, Zola a écrit de nombreux romans dont beaucoup ont été adaptés au cinéma. Le dernier, *Germinal*, fait revivre le destin des mineurs du Nord de la France au XIXe siècle.
3. Émile Zola est né à Venise, dans un quartier populaire.
4. Il a fait toutes ses études à Aix-en-Provence.
5. Il a commencé à être journaliste à 26 ans.
6. Il écrit vite et rature souvent.
7. Il aime bien manger et bien boire.

Série 2

1. Le chanteur français Renaud est très estimé des Français. Il a commencé sa carrière à 22 ans et a aussi tourné dans quelques films, dont le plus connu est *Germinal*, adapté du roman de Zola.
2. Le chanteur français, Renaud, a tourné de nombreux films dans le Nord de la France. Il a définitivement abandonné la chanson pour se consacrer au cinéma.
3. Renaud a commencé à chanter à 16 ans.
4. Il passe pour la première fois à 32 ans dans une grande salle de concert parisienne.
5. Il sort un album de chansons intitulé *Germinal*.
6. Son public l'adore.

Page 62
Recrutement
Dialogue témoin :

– Madame Lecomte ?
– Oui, madame Chapuis ?
– En réponse à l'offre d'emploi, nous avons reçu deux courriers. Qu'est-ce que je fais ?

– Répondez au premier courrier.
– Mademoiselle Linda Borghese ?
– C'est cela… Dites-lui que nous avons bien reçu son courrier et que je suis disposée à la rencontrer. Proposez-lui un rendez-vous. Voyons mon agenda… Tenez, proposez mercredi prochain, le 10, à 9 heures 30. Et puis, demandez-lui d'apporter les originaux de ses diplômes.
– Et le deuxième candidat ? Jean-Édouard de la Batte ?
– Écrivez-lui que nous sommes désolés, que le poste est déjà pris. Avec les formules de politesse habituelles.

Page 63
Les tarifs *Découverte*
Dialogue témoin :

– Bonjour, monsieur, voilà… Je voudrais passer un week-end à Strasbourg. Il y a des réductions ?
– Bien sûr ! Ça dépend de votre date de départ.

– Nous partons dans deux semaines.
– Eh bien, nous pouvons vous proposer…
1. – Bonjour, je voudrais réserver pour ma famille et connaître les réductions pour un aller-retour à Nice.
 – Oui, il y a combien d'adultes ?
 – Deux adultes et deux enfants.
 – De quel âge ?
 – 13 et 6 ans.
 – Eh bien, nous pouvons vous proposer…
2. – Bonjour ! Je voudrais deux allers-retours pour Saint-Malo.
 – Vous partez quand ?
 – Lundi prochain, avec mon petit garçon.
 – Eh bien, voilà…

Page 65
Les gauchers

– J'ai lu un article intéressant ce matin dans le métro !
– C'était sur quoi ?
– Sur les gauchers. Tu savais qu'il y a 600 millions de gauchers dans le monde ?
– Ça ne m'étonne pas ! Tu en as déjà un devant toi ! Moi, je suis un vrai gaucher !
– Eh oui, en France, une personne sur dix est gauchère.
– Et ailleurs ?
– En Asie, il y a une proportion moins importante : 5 à 6 % de la population en Chine.
– Et il y a plus de gauchers chez les hommes ou chez les femmes ?
– Chez les femmes.
– Et pourquoi ?
– Ils ne le disent pas.

Cultures

Page 66
Les sigles

1. – Alors, où il en est, ton fils, de ses études ?
 – Il a presque fini. Il vient d'être accepté en DESS d'Arts appliqués.
 – Et la petite dernière ?
 – Elle s'applique, mais à l'école primaire : elle est en CE1.
2. – Tu as écouté les nouvelles ? Il y a une grève des transports, demain. Il n'y aura qu'un TGV sur deux qui roulera.
 – Et moi qui dois aller à Besançon ! Qu'est-ce qu'ils prévoient dans le métro ?
 – Ça ne concerne que la SNCF, pas la RATP. Même le RER fonctionne.
3. – Alors, tu as trouvé du travail ?
 – Oui, à la BNF.
 – À la banque ?

– Non, c'est la Bibliothèque nationale de France.
– Tu es contente ?
– Oui, assez, j'ai un CDD mais ils m'ont assuré un CDI dans quelques mois. Je suis soulagée. J'en avais assez de pointer à l'ANPE.
4. – Il coûte combien, cet ordinateur ?
 – 1 000 euros.
 – TTC ou hors taxes ?
 – Tiens, je n'ai pas fait attention.
 – Renseigne-toi, parce que ça fait une sacrée différence s'il faut ajouter la TVA !
5. – Alors ? Qui a gagné les élections dans ta ville ?
 – Je te dirai ça dans une semaine, au deuxième tour. Pour l'instant, il y a eu 35 % pour le candidat du PS, 32 % pour celui de droite, l'UDF ou l'UMP, et le reste des voix se partage entre les candidats du PC, de la LCR et des divers droite.
6. À la sortie de la réunion avec le ministre des Affaires sociales, les syndicats FO, CGT et CFDT ont insisté sur la nécessité d'augmenter de façon plus importante le SMIC.

Exercices complémentaires

Page 70
Exercice 3
Discours direct / discours indirect

1. Bonjour, Léa. C'est Patrick. Je suis encore à Cannes. J'ai raté mon train. Je prendrai le suivant qui arrive à 21 heures. Tu peux prévenir Claude ?
 – Ben, tu n'es pas avec Patrick ?
 – Non, il vient de téléphoner, il a dit qu'il…
2. C'est un message pour monsieur Duchamp de la part de Delphine Jeannot. J'avais rendez-vous avec monsieur Duchamp à 15 heures. Il m'est impossible d'arriver à 15 heures. Serait-il possible de reporter le rendez-vous à 16 heures ? Pouvez-vous me confirmer le changement ? Merci.
 – Vous avez des nouvelles de la personne qui doit venir à 15 heures ?
 – Elle vient de téléphoner, elle a dit que…
3. Mes chers amis, merci, un grand merci pour votre cadeau. Il me fait vraiment très plaisir et j'en ferai bon usage. Je sais d'ailleurs où je vais l'installer chez moi. Je vais le mettre dans un endroit où il pourra être admiré par tous. Et maintenant, levons notre verre à l'amitié.
 – Alors, il était content de son cadeau ?
 – Très content, il a même dit que…
4. Sandra, j'ai une bonne nouvelle. J'ai gagné un week-end pour deux personnes à Capri. Tu viens avec moi ? On

part vendredi et on revient lundi matin. Si ça te dit, téléphone-moi vite, sinon j'en parle à Barbara qui rêve d'aller en Italie.
 – Dis, Élena, qu'est-ce que tu ferais à ma place ? Bruno vient de me téléphoner, il m'a dit qu'il…
5. Allô, Sandrine, c'est Pierre. J'essaie d'avoir Magali au téléphone mais c'est toujours occupé. Si tu la vois, dis-lui que j'aimerais bien la revoir, dis-lui aussi que je regrette ce qui s'est passé. Dis-lui aussi que j'arriverai toujours à l'heure à nos rendez-vous, surtout quand on doit aller au cinéma.
 – Salut, Magali. Pierre vient de me téléphoner.
 – Ah bon, dis-moi exactement ce qu'il t'a dit parce que…
 – Ben, il m'a dit que…

Page 70
Exercice 4
Rapporter des paroles

– Je vous en prie, asseyez-vous. Je vous ai demandé de venir car j'ai une nouvelle à vous annoncer.
– Bonne ou mauvaise ?
– Plutôt bonne ! Voilà, cela fait des années que nous travaillons ensemble et je me réjouis de votre collaboration et, en particulier, je vous félicite pour votre ponctualité. Vous êtes parmi celles qui arrivent toujours à l'heure. C'est rare et précieux de pouvoir toujours compter sur vous. Je suis allé voir le directeur financier et nous avons envisagé une promotion pour vous. Vous passeriez assistante de direction. Qu'en pensez-vous ? Votre salaire correspondrait bien sûr à vos nouvelles fonctions. En contrepartie, étant donné vos nouvelles charges, je vous demande de rester plus tard, et de quitter le travail à 19 heures au lieu de 17 h 30. Vous réfléchissez ? Et vous me donnez votre réponse demain ?

Page 70
Exercice 5
Rapporter des paroles
Dialogue 1 :

Bonjour. C'est notre premier cours de français de l'année et je vous souhaite la bienvenue. J'espère que dans deux mois vous aurez fait des progrès tels que vous pourrez vous débrouiller dans tous les lieux où vous aurez à communiquer en français. Je suis au moins sûre que vous comprendrez sans aucun problème ce que je vous raconterai même si je parle à un rythme assez rapide. Nous allons à présent nous présenter et je vous donnerai ensuite le programme du mois.

D'abord, nous avons cours trois fois par semaine dans cette salle…

– Alors, alors, qu'est-ce qu'elle a dit ?

– Elle a dit qu'elle était contente de nous avoir et qu'elle était sûre qu'on allait avoir un bon niveau dans un mois et qu'on pourrait très bien communiquer en français. Elle a ajouté qu'on comprendrait très vite ce qu'elle disait à un rythme assez lent. Voilà.

– C'est tout ?

– Oui, c'est tout.

Dialogue 2 :

Mesdames, messieurs ! Je vous ai réunis aujourd'hui pour vous annoncer deux nouvelles. Une bonne et une mauvaise. Enfin, je dis mauvaise mais cela dépend pour qui. Je vais commencer par la bonne : vous aurez tous en fin d'année une prime qui correspondra à un quatorzième mois. C'est assez exceptionnel, mais notre chiffre d'affaires a été nettement supérieur à nos prévisions et il était normal que vous profitiez de cette augmentation.

La mauvaise, c'est le départ de notre collègue, Emmanuel Legrand, qui a été nommé à des fonctions de directeur commercial dans notre agence de Singapour. Même si nous regrettons tous son départ et avons tout fait pour le retenir, il ne pouvait bien sûr pas refuser cette promotion. Nous lui souhaitons une réussite totale dans ce nouveau poste !

À présent, levons nos verres à notre succès collectif et individuel !

– Tu as l'air tout content, ce soir !

– Ben oui ! la présidente nous a réunis pour nous donner des nouvelles de la société et elle nous a annoncé une très bonne nouvelle. Devine.

– Je ne sais pas, moi. Tu vas être augmenté ?

– Pas tout à fait. On va avoir une prime de fin d'année qui va s'ajouter au treizième mois.

– Un quatorzième, quoi. Et pourquoi ?

– Il paraît qu'on a bien travaillé.

– Bon. C'est une bonne nouvelle. C'est tout ?

– Non, il y autre chose : le départ d'Emmanuel. Il va en Chine. Il est nommé adjoint au directeur dans notre filiale, là-bas.

– Dommage, tu m'as toujours dit que c'était un type sympa. Et qui prend sa place ?

Page 71
Exercice 6
Rapporter des paroles

1. Il vaudrait mieux que tu restes chez toi demain.
2. Demain, on pourrait aller faire un tour sur les berges de la Seine.
3. Vous avez fait un excellent rapport de votre mission ! Vos idées sont pertinentes !

4. Je trouve qu'il conduit vraiment trop vite. Il va lui arriver un accident, un jour.
5. Demain, vous pourrez sortir vers les 17 heures. Vous avez bien travaillé.
6. Je vous demande de venir à 9 heures pour une affaire urgente vous concernant.
7. Si vous arrivez en retard, vous ne pourrez pas entrer dans la salle.
8. Si vous continuez à parler, vous allez quitter la salle.
9. Tu ne devrais pas te coucher aussi tard, tu es trop fatiguée pour bien travailler !
10. Alors, qu'est-ce que vous pensez de ma nouvelle coiffure ?

Page 74
Exercice 19
Discours rapporté à l'écrit

1. – Allô, Marie, c'est toi ?
   – Oui. C'est toi, Jérôme ?
   – Oui. Tu connais la nouvelle ? Le ministère a annulé le concours !
   – Quoi ? Tu en es sûr ?
   – Sûr et certain. J'ai téléphoné aux responsables du ministère. Ils ont confirmé l'annulation.
   – Ils t'ont dit pourquoi ?
   – Non.
   – Et on doit repasser ce concours quand ?
   – En septembre. Ils vont indiquer la date sur leur site.
   – Ils exagèrent quand même !

2. – Salut, Bruno ! Dis donc, je dois aller à Londres pour un stage et je n'ai pas envie d'aller à l'hôtel. Tu ne connais personne qui pourrait m'héberger ?
   – Si ! J'ai des amis qui y habitent depuis deux ans, je peux leur demander. Tu restes combien de temps ?
   – Quatre jours : du mardi au vendredi. Je ne vais pas les déranger, le stage dure toute la journée et on est occupé tous les soirs. Mon seul problème, c'est Fripouille.
   – Fripouille, c'est ton copain ?
   – Non, mon chat et je ne sais pas quoi en faire. Tu as une idée ?

3. – Bonjour, Caroline. Tu as l'air bien joyeuse, t'es amoureuse ?
   – Il m'est arrivé un drôle de truc. Tu le raconteras à personne ?
   – Non, t'inquiète pas ! Raconte !
   – Tu sais, hier, je prends le train de sept heures comme d'habitude pour rentrer à la maison, et, j'étais tellement fatiguée que je me suis endormie. Quand je me suis réveillée, j'étais toute seule dans le wagon ! La panique ! En fait, je suis allée jusqu'au terminus. Du coup, je descends de wagon, et, là, devine qui je vois ? Manu ! tu sais, l'ancien copain

d'Isabelle. Il était en voiture et il m'a ramenée chez moi. Il est très gentil, Manu ! On a promis de se revoir.

Page 74
Exercice 20
Discours rapporté à l'oral

– J'ai reçu une lettre d'Aline.
– Alors, ça lui plaît sa nouvelle vie ? Qu'est-ce qu'elle devient ?
– Elle m'annonce de bonnes nouvelles : d'abord la naissance de son bébé et ensuite, elle me parle de son travail.
– Elle a déjà un bébé ? Je ne savais pas qu'elle était enceinte ! Et c'est qui, le papa ?
– Jérôme.
– Jérôme ? Mais je le connais !
– Elle écrit qu'il a arrêté de travailler pour s'occuper du gosse et elle, elle a trouvé un super boulot.

PARCOURS 3 : EXPOSER, CONVAINCRE, ARGUMENTER, EXPRIMER DES SENTIMENTS

Séquence 9
Que d'émotions !

Page 76
Gestes et mimiques

1. C'est horrible !
2. Génial ! Super !
3. C'est incroyable !
4. Ouf ! J'ai eu chaud !
5. Ça m'énerve, ça m'énerve, ça m'énerve !
6. Oh, zut ! Je vais être en retard !
7. Je n'y arriverai jamais !
8. Bon, je vais voir…

Page 77
Sentiments

1. – Alors, tu es content, elle est revenue !
   – Bof…
2. – J'ai rendez-vous avec lui, samedi.
   – Tu me raconteras, hein ?
3. – Le gagnant est le numéro 11 !
   – Oh ! dommage ! J'ai joué le 12 !
4. Vous êtes sûr que ce n'est pas dangereux ?
5. – Vous avez réussi votre examen, vous êtes 20e sur 20.
   – Ouf !
6. – Je suis furieuse ! C'est la dernière fois que je mets les pieds dans ce restaurant !
   – Mais, calme-toi. Qu'est-ce qui s'est passé ?
   – J'ai attendu deux heures pour être servie, le poisson n'était pas frais et j'ai trouvé un escargot dans ma salade !

7. – Moi, je ne dis jamais de mensonge !
– Mon œil !

8. Oh, qu'il est mignon ! Je n'ai jamais vu un aussi joli bébé ! Quels yeux ! Quel joli sourire ! Et ces cheveux bouclés ! Quelle merveille ! On dirait toi quand tu étais petit !

9. Alors on y va, dis, on y va ? On part à quelle heure ? J'en ai assez d'attendre ! Alors, ça y est, on y va ? Ça y est, papa ? On est bientôt arrivé ?

10. Beurk, quelle horreur ! Mais il est pourri, ce poisson ! Vous l'avez pêché dans la Seine ? Vous n'allez pas manger ça, quand même !

11. – C'est qui la fille qui parle avec Alain ? Elle est drôlement jolie !
– Je ne sais pas... Tu viens Alain ? On y va !

12. Je ne suis pas mécontent. Comme d'habitude, tout s'est passé comme je l'avais prévu. Je suis le meilleur, il faut bien le dire.

Page 78
Ce soir, j'attends Madeleine...
Dialogue témoin 1 :
– Qu'est-ce que tu fais là ?
– J'attends Madeleine. On avait rendez-vous à 8 heures.
– Mais il est presque 9 heures !
– Je ne m'inquiète pas. Elle habite à l'autre bout de Bruxelles. Le vendredi soir, il y a toujours beaucoup d'embouteillages.
Dialogue témoin 2 :
– Quel beau couple ! Ils semblent tellement heureux !
– Oui, c'est beau l'amour !

Madeleine
Ce soir j'attends Madeleine
J'ai apporté du lilas
J'en apporte toutes les semaines
Madeleine elle aime bien ça
Ce soir j'attends Madeleine
On prendra le tram trente-trois
Pour manger des frites chez Eugène
Madeleine elle aime tant ça
Madeleine c'est mon Noël
C'est mon Amérique à moi
Même qu'elle est trop bien pour moi
Comme dit son cousin Joël
Ce soir j'attends Madeleine
On ira au cinéma
Je lui dirai des je t'aime
Madeleine elle aime tant ça

Elle est tellement jolie
Elle est tellement tout ça
Elle est toute ma vie
Madeleine que j'attends là

Page 79
La vie en rose ou en noir
Chanson témoin 1 :
Quand il me prend dans ses bras
Il me parle tout bas
Je vois la vie en rose...
Chanson témoin 2 :
Noir c'est noir il n'y a plus d'espoir...

1. On m'a dit que tu sortais avec Barbara ! Allez, raconte !

2. Je ne crois pas qu'elle réussira son examen.

3. Tu as vu notre petite comme elle est heureuse !

4. Tu sais où est Barbara ? Je l'attends depuis une heure ! J'espère qu'il ne lui est rien arrivé !

5. Il a enfin reconnu que j'avais raison !

6. Ah, bon ? Il va se marier ? Il est content ?

7. Oh ! qu'il est mignon, ce bébé ! Tout le portrait de sa mère !

Page 79
Exercice : les sentiments

1. Tu aurais pu appeler ! Où étais-tu ?
2. Oh, qu'il est mignon ! Il a quel âge ?
3. Ils disent que tout va bien se passer.
4. On a appris la nouvelle pendant les vacances. Quelle catastrophe !
5. Si tu les avais vus ! Ils n'étaient pas contents du tout ! Mais alors pas du tout !
6. Je suis sûre que tout se passera bien.
7. Tu as vu l'heure ! Et elle n'est toujours pas rentrée !
8. Son père pense qu'il ne fera pas de progrès, même s'il se met au travail.
9. Ça ne leur a fait ni chaud ni froid, ce qui est arrivé à leur ami.
10. Ça y est, leur fils a son bac !

Page 81
Votre critique

1. J'ai lu ce livre quand j'avais 15 ans. Je l'ai relu 30 ans après, il est toujours aussi passionnant !

2. Ce que j'aime avant tout, c'est le personnage. Quelle force ! Il est très attachant. Et Mercedes, celle qui était sa fiancée, elle a du caractère !

3. J'adore ce livre parce que c'est une histoire d'amour et, en même temps, on apprend beaucoup de choses sur les événements de l'époque.

4. Et puis, l'histoire est tellement bien racontée qu'on imagine très bien les scènes. Ce n'est pas étonnant qu'on en ait fait un film !

5. J'ai vu le film qu'on a adapté du livre. Avec Depardieu en comte de Monte-Cristo. C'est un beau film. Justement, il m'a donné envie de relire le livre !

Page 82
Les fruits de la passion

1. Alors, ça vient, cette pizza ? Ça fait au moins dix minutes que j'attends !

2. – Elles sont belles tes chaussures ! Elles viennent d'où ?
– D'Italie. Elles te plaisent ? Je t'en fais cadeau.

3. – Sa voix me porte sur les nerfs ! Tu peux lui dire de se taire ?
– Mais elle n'a rien dit !

4. – Allez, tu vas voir, tout va s'arranger !
– Non, il n'y a rien à faire, tant pis.

5. – Je vous aime, je vous adore !
– Faites attention, vous froissez ma jupe !

6. – La musique ne vous dérange pas trop ?
– Un peu, mais c'est de votre âge, profitez-en !

7. – J'ai été malade toute la nuit !
– C'est bien fait pour toi. Tu n'as qu'à ne pas manger autant !

8. – Dis donc, il ne nous reste plus un centime pour finir le mois !
– On va peut-être gagner au loto !

9. Je peux vous aider ? Tout va bien ? Vous êtes bien installée ? Un petit rafraîchissement ?

10. Y a d'la joie, bonjour bonjour les hirondelles, y a d'la joie...

Séquence 10
Le pour et le contre

Page 83
Oui, mais...
Dialogue témoin :
– Alors, il est beau, mon tapis ?
– Oui, il est beau, mais il est cher, très cher...

– Cher ? Mais c'est pour la vie un tapis comme ça ! Votre vie, celles de vos enfants, de vos petits-enfants et de vos arrière-petits-enfants !
– Peut-être, mais il est quand même très cher pour un tapis fait à la machine !
– À la machine ! Il n'est pas fait à la machine, il est tissé à la main ! Ça demande des heures et des heures de travail !
– Oui, mais je crois qu'il est trop grand pour mon salon !
– Ce n'est pas grave, il vaut mieux qu'il soit trop grand que trop petit ! C'est un tapis familial, ça, pas un tapis d'égoïste ! Vous pouvez le plier en deux, en trois ou en quatre !
– Et puis, il n'est pas assez rouge, le rouge, c'est ma couleur préférée.
– Pas assez rouge ? Mais mettez vos lunettes ! Regardez, il y a du rouge

partout : au milieu, sur les côtés, ici à droite, et là encore, à gauche !
– Oui, mais il est abîmé, il y a des trous…
– C'est normal, c'est un tapis ancien ! Mais on peut le réparer, si vous voulez, c'est facile !
– Oui, mais finalement, je le trouve quand même trop cher.
— Attendez, je vais vous faire un prix… Combien vous voulez mettre ?

Page 84
En France ou à l'étranger ?
Dialogue témoin :
– Dans un mois, on a une semaine de vacances ! Qu'est-ce que tu veux faire cette année ? Mer, campagne ou montagne ? ou encore des vacances sportives : du bateau, du canoë, de la marche à pied ?
– De la marche à pied, je veux bien, mais les pieds dans l'eau, au bord de la plage. Comme l'année dernière et comme d'habitude, j'ai besoin de soleil et d'exotisme…
– Je vois… un petit hôtel sympa, des cocotiers ?
– Oui, j'ai envie de bronzer, de lire à l'ombre sur la plage et de manger du poisson à tous les repas.
– Tu veux aller loin ?
– Oui, loin de Paris en tout cas, mais pas forcément trop loin.
– Regarde les promotions de Tour-Club, je crois qu'il y a exactement ce que tu cherches.
– Tu as raison, réserve vite, je commence déjà à rêver…

Page 85
Alors, tu te décides ?
Dialogue témoin :
– Alors, vous avez trouvé un appartement ?
– Presque. On a visité une vingtaine d'appartements, mais il n'y en a que deux qui nous plaisent vraiment.
– Qu'est-ce qui va faire la différence, le portefeuille ?
– Non ! le prix est presque le même ; la différence, c'est que le premier est dans un quartier qu'on aime, mais il est trop petit, alors que pour le deuxième, le quartier ne nous plaît pas trop, par contre, l'appartement est beaucoup plus grand.
– Moi, à votre place, je choisirais celui où vous vous sentez à l'aise. C'est important de pouvoir s'isoler un peu dans un appartement.
– C'est ce qu'on pense aussi.
Dialogue 1
– On regarde ce qu'ils proposent ? Il y a une carte affichée.

– Ça a l'air bon ! Crème de homard, sole meunière, cannette aux herbes, gâteau de chocolat au miel… Ça a l'air appétissant, tout ça ! On va là ?
– Attends, t'as vu les prix ? Le plat le moins cher est à 15 euros !
– Oui, mais t'as vu le choix des entrées et des plats ! Et puis, toi qui aimes le poisson, tu as le choix…
– Bon, j'ai trop faim, je vais prendre une sole, on va là.
Dialogue 2
– Monsieur, vous désirez ? Je peux vous aider ?
– Merci. Je voulais savoir si vous aviez la même veste en beige.
– Attendez, je regarde… Oui, nous avons ceci. La coupe est un peu différente, plus classique et c'est du 38 au lieu du 42. Essayez-la !
– Elle me serre un peu…
– C'est la mode, cette année, de porter les vestes un peu cintrées, et puis le tissu va se détendre et c'est de la pure laine, vous n'avez pas besoin de mettre un pull dessous.
– Vous croyez ? Bon, je la prends.
Dialogue 3
– Vous allez où pour les vacances ?
– On ne sait pas encore, on hésite. Pierre veut aller au Brésil mais, moi aux États-Unis !
– Ce n'est pas tout à fait la même direction, et puis, si vous aimez l'ambiance de Noël, c'est plutôt les États-Unis. Par contre, si vous avez besoin de chaleur et de plage…
– Oui, ça me tente, j'aurais aimé connaître New York, mais je suis tellement fatiguée que, finalement, un peu de farniente sur une plage au soleil me fera du bien.
Dialogue 4
– Ça y est, je viens de signer mon contrat !
– Chez Relax ou chez Spidex ? Je me souviens, tu hésitais. Tu avais fait deux colonnes : une avec tous les pour et une avec tous les contre.
– Ben oui, parce qu'il y avait d'un côté la prime de fin d'année mais, d'après ce qu'on m'a dit, le patron est assez capricieux et de l'autre côté, au contraire, pas de prime, mais des collègues de travail sympas.
– Alors ? Tu as choisi ?
– Tu vas être étonné ; j'ai signé chez Relax. Des collègues sympas, ça n'a pas de prix !

Page 87
Entretiens
Entretien 1
– Bonjour, monsieur Assayas. Vous avez lu dans notre offre d'emploi qu'un certain

nombre de compétences étaient requises. Quelle est, d'après vous, celle que vous jugez être la plus importante ?
– Il me semble que c'est avant tout l'animation d'équipe. Sans esprit d'équipe, une société ne peut pas se développer, mais l'esprit d'équipe ne signifie pas l'absence d'initiatives individuelles, au contraire, ce sont les initiatives de chacun, coordonnées, qui créent le dynamisme nécessaire.
– Et vous pensez avoir cette qualité d'animateur ?
– J'ai une expérience de trois ans au Japon, avec une équipe de quinze personnes dans notre filiale à Tokyo. Notre société s'est implantée dans toutes les grandes villes japonaises et nous avions des réunions tous les mois pour évaluer nos actions et en imaginer de nouvelles.
Entretien 2
– Bonjour, mademoiselle Suarez. Vous avez lu dans notre offre d'emploi qu'un certain nombre de compétences étaient requises. Quelle est, d'après vous, celle que vous jugez être la plus importante ?
– C'est le sens de l'organisation. Sans organisation, toute activité devient très vite inefficace. Pour cela, il faut avant tout connaître clairement les objectifs à atteindre et les moyens à la fois humains et matériels pour les atteindre. Il faut aussi savoir s'adapter, évoluer selon le type de demande.
– Et vous pensez avoir cette qualité d'organisatrice ?
– J'ai une expérience de six mois en Russie où j'ai mis en place un réseau de filiales, avec une équipe de cinq personnes que j'avais formées et qui étaient totalement autonomes. Le chiffre d'affaires de la société a presque doublé en six mois.

Séquence 11
Reprise / anticipation

Page 92
Nuit de pleine lune
– Alors, madame Deschamps, dites-moi ce qui s'est passé hier !
– Eh bien voilà, il y a deux jours…
– Le 28, donc.
– Si vous le dites. C'était avant-hier ; je m'en souviens, il faisait un froid de canard. J'ai entendu du bruit dehors, je me suis levée pour aller voir… On y voyait comme en plein jour, c'était la pleine lune.
– Et alors ?
– Et bien, rien… tout était tranquille. C'est hier matin que j'ai découvert que les

poules, les cochons, les canards avaient disparu. C'est bizarre, non ? Il paraît que chez les Dujardin, la semaine dernière, c'est leurs chevaux qui ont disparu.
– On m'a dit que vous ne vous entendiez pas trop bien avec vos voisins !
– Oh, vous savez, il ne faut pas croire tous les on-dit ! Des fois, on se dispute, mais rien de grave.

Page 93
Retrouvez le fil de l'histoire
Histoire 1

J'étais avec Paul à une terrasse de café, hier après midi, vers trois heures. On bavardait tranquillement quand le téléphone a sonné. C'était Jérôme qui s'excusait parce qu'il n'avait pas pu venir au rendez-vous. C'est vrai que je l'ai attendu pendant au moins 1 heure, hier matin ! Je me suis même demandé s'il n'avait pas eu un accident, il aurait pu téléphoner... Bref, il m'a proposé un nouveau rendez-vous pour le soir, au buffet de la gare de Lyon à neuf heures : ça tombait bien, ma cousine Clémentine arrivait à dix heures de Marseille. Je lui ai dit que c'était d'accord et que nous aurions tout le temps de parler du voyage qu'il avait fait au Brésil, l'hiver dernier. Et devine sur qui je tombe au buffet ? Sur Paul ! Il venait attendre Clémentine...

Histoire 2

Vous auriez dû me demander ! J'avais encore deux places pour le 10. Dommage ! On y est allé, c'était super ! Après, on est allé chez Marcel. On y a retrouvé les Gendrot à qui on avait donné rendez-vous. Tu te souviens des Gendrot ? On les avait rencontrés à la manif du 1er Mai. Écoute, il y a les Tempos Locos qui passent le 3 décembre. Si ça t'intéresse, je prends des places pour vous.

Page 94
Tout d'abord...
Dialogue témoin :

Je commencerai par vous expliquer pourquoi je suis devenu poète. Ce sera un peu l'histoire de ma vie...
Je poursuivrai par la lecture de quelques-unes de mes œuvres...
Pour terminer, vous pourrez me poser toutes les questions que vous souhaitez.
1. Je dois tout d'abord vous dire qu'aucune décision n'a encore été prise.
2. Je conclurai sur ces paroles : remettons au lendemain ce qu'on peut faire la veille.
3. Deuxièmement, ce n'est pas parce que nous sommes minoritaires que nous avons tort.

4. Je commencerai mon exposé en vous racontant une anecdote.
5. Dans un premier temps, nous analyserons le problème d'un point de vue philosophique.
6. Enfin, comment vous remercier pour votre accueil tellement chaleureux.
7. Nous verrons ensuite pourquoi ces événements ont pu se produire.

Page 95
Futurs
Dialogue témoin :

– Allô, maman, c'est Christiane. Arrête de me téléphoner tous les matins ! Ce matin, le patron est passé dans mon bureau et il m'a dit que je passais trop de temps au téléphone.
– Mademoiselle Jacquet, quand vous aurez fini de bavarder au téléphone, vous passerez à mon bureau !
– Maman ! je raccroche ! Je te rappelle plus tard !
1. J'espère que vous aurez fini le ménage quand je rentrerai.
2. Quand tu auras fini de ranger ta chambre, tu pourras regarder la télévision. Pas avant !
3. Quand j'aurai passé mon bac, je m'inscrirai en fac de médecine.
4. Quand je serai arrivé à l'hôtel, je vous téléphone !
5. Je vous demande quelques minutes de patience. Quand le client de la table trois aura payé son addition, vous pourrez vous installer. Vous voulez boire quelque chose en attendant ?
6. Je me tairai quand vous aurez répondu à ma question !

Page 96
C'est l'heure du bilan
Dialogue témoin :

Allô, Élodie ! C'est Julien. Désolé pour le retard ! Je viens juste d'arriver à Lyon ; il y avait des embouteillages sur l'autoroute. Alors j'ai pris les petites routes, mais je me suis trompé de direction parce que j'avais oublié mes cartes routières à la maison. Pour le moment je prends un café à Pézenas. Je vais reprendre la route dans cinq minutes. Je te retéléphonerai quand je serai arrivé à Béziers. Je devrais être chez toi vers deux heures. J'aurais dû prendre le train !
1. Si je pouvais t'aider, je le ferais volontiers. Mais j'ai promis à ma mère d'aller la voir demain.
2. Je suis passé chez Pierre. Mais un voisin m'a dit qu'il avait changé d'adresse.
3. J'étais déjà allé plusieurs fois en Espagne, mais je ne connaissais pas Madrid. C'est une ville qui m'a beaucoup plu.

4. Je te l'avais promis ! Quand tu auras passé ton bac, on ira quinze jours aux États-Unis.

Page 96
Exercice : le conditionnel passé

1. Tu aurais pu me le dire qu'il était là !
2. J'aurais bien aimé vous rencontrer à l'époque.
3. Sans vous, que serions-nous devenus ?
4. Il paraît qu'ils se seraient mariés !
5. Vous n'auriez pas dû lui dire cela !
6. J'aurais dû lui écrire, j'ai oublié.
7. Sans votre aide, nous n'aurions jamais pu le faire.
8. Il aurait bien voulu y aller, mais il n'avait pas de billets.

Page 97
Satisfait ?

– Alors, tu as pris contact avec l'entreprise ?
– Oui, j'ai appelé la semaine dernière. Ils ont été très aimables et très patients. Ils m'ont donné le nom d'un architecte pour les travaux.
– Et alors ?
– J'ai eu du mal à l'avoir : j'ai laissé au moins trois messages avant qu'il ne me rappelle ! Finalement, on s'est vu samedi dernier.
– Il est bien ?
– D'abord, j'ai été surprise ; il est arrivé à l'heure fixée ! Je ne pensais pas qu'il serait ponctuel, et puis il a écouté attentivement en prenant des notes. À mon avis, il a bien compris ce que je voulais.
– Il t'a dit que ça valait la peine de faire des travaux ?
– Oui, il m'a tout expliqué clairement.
– Alors, ça y est, tu es décidée.
– Attends, je te raconte. J'ai reçu le devis. Le problème, tu devines, c'est bien sûr un problème d'argent. C'est bien plus cher que ce que l'architecte avait estimé ! C'est presque le double ! Et en plus, le devis n'est pas très précis ou détaillé, donc je n'y comprends pas grand-chose.
– Alors, tu abandonnes ?
– Pas tout à fait. Je remets à plus tard. De toute façon, les solutions qu'ils proposaient ne correspondaient pas à ce que je voulais et en plus, les délais ne me convenaient pas. J'attendrai l'hiver prochain.

Page 98
Suspect n° 1
Dialogue témoin :

– Alors, commissaire, où en est l'enquête ?
– Et bien, nous poursuivons les recherches. Nous avons déjà arrêté un suspect.

Nous le soupçonnons d'avoir participé au hold-up. Nous l'interrogeons actuellement et nous en saurons plus, je pense, dans quelques jours.

– Et avez-vous retrouvé les objets volés ?

– Pour l'instant, non. Mais nous avons des pistes ! Nous savons que les voleurs avaient loué un appartement et j'espère qu'ils y ont laissé des traces de leur passage. Nous avons aussi trouvé la voiture qui a certainement servi au vol car elle correspond à la description des témoins. Enfin, nous avons découvert, non loin de la voiture, une montre et un carnet d'adresses.

– Voilà beaucoup d'indices qui devraient permettre à la police de mettre la main sur les responsables du hold-up !

– Nous l'espérons.

Séquence 12
Discours

Page 99
Vous me suivez ?
Dialogue témoin :

Qu'est-ce que l'argot ? Si l'on consulte un dictionnaire, on apprend que l'argot est un langage familier qui est né du monde des malfaiteurs, dans les prisons surtout, où l'argot permettait de parler sans être compris des gardiens. On apprend également qu'il existe un argot particulier à des professions, à des groupes de personnes. Par exemple, il existe un argot des lycées ou le mot *pion* veut dire *surveillant* et le mot *bahut* signifie *lycée*. *Je suis pion dans un bahut* signifie *je suis surveillant dans un lycée*.

1. Pour conclure, je dirai que, pour ma part je crois que, contrairement à ce que beaucoup pensent, Internet n'est pas un danger pour l'écriture, mais qu'il contribue à la naissance de nouvelles formes d'écriture, à travers les e-mails, par exemple. Je ne suis pas la seule à partager cette opinion : les enseignants aussi font confiance à Internet et intègrent de plus en plus ce nouveau média à leur enseignement pour la recherche d'informations, la préparation d'exposés ou de dossiers.

2. Faisons tout d'abord un petit flash-back : dans les années cinquante, tout est organisé autour de la mère et de l'enfant, le père ne jouant qu'un rôle de figurant. Au milieu des années soixante, les femmes sortent de leur rôle de mère au foyer. Entre 1975 et 1998, les femmes investissent le travail, l'université, les grandes écoles. La mère travaille autant que son compagnon. Mais qui va garder les enfants ? Que faire ? C'est un véritable problème de société.

3. Quelle heure est-il au pôle Nord ? Voilà une question que beaucoup de personnes se posent. Logiquement, une personne qui se trouve au pôle Nord devrait changer l'heure de sa montre à chaque pas ! Chose facile à dire mais pas à faire : essayez un peu pour voir ! Et pourquoi l'habitant du pôle Nord devrait-il changer l'heure de sa montre à chaque pas ? Et bien parce que les 24 fuseaux horaires qui déterminent l'heure en chaque point du globe se rejoignent aux deux pôles, Nord et Sud. Ces fuseaux horaires ne sont pas matérialisés sur le sol ; ce sont des lignes virtuelles, déterminées en 1875 pour des raisons pratiques. Aux pôles, ils se rejoignent et perdent leur raison d'être, donc, on ne les utilise pas. Vous me suivez ? Alors, comment savoir l'heure qu'il est réellement au pôle Nord ? Et bien les scientifiques se servent de l'heure du méridien de Greenwich. C'est ce qu'on appelle le temps universel (TU). Ainsi, quand il est midi à ce méridien, il est midi aux pôles. Même s'il fait nuit noire pour eux. Voilà donc l'explication scientifique donnée. Tout le monde a compris ? En fait, il suffisait de réfléchir pour trouver la bonne réponse.

Page 100
Je vais vous expliquer
Dialogue témoin :

– Pourquoi dit-on de la France qu'elle est une « terre d'accueil » ?

– Pourquoi dit-on de la France qu'elle est une « terre d'accueil » ? Eh bien parce qu'elle a toujours été un pays d'immigration. Regardez Paris, par exemple, c'est une capitale multiculturelle. De nombreuses communautés y vivent et s'y métissent. Mais le mélange des populations n'est pas spécifique à la France, c'est un phénomène mondial.

En fait, c'est dès le Moyen Âge, au XIe siècle, qu'on a commencé à accueillir des populations immigrées. Les plus anciens étrangers qui vivent en France sont venus des pays voisins. Des Italiens, des Espagnols : c'étaient des commerçants et des musiciens. Ensuite, au XVe siècle, on a beaucoup aimé l'art italien : des artistes italiens sont venus vivre en France, comme le musicien du roi, Lully. Et puis, les rois ont souvent appelé des ministres étrangers. Le ministre des Finances de Louis XIV, par exemple, c'était un Écossais, un banquier, Law. Il a mis en circulation les premiers billets de banque. Ensuite, à partir du XIXe siècle, les immigrés ont été plus nombreux. Ils quittaient souvent leur pays

pour des raisons économiques. Au siècle dernier, à la suite des deux grandes guerres de 14-18 et 39-45, beaucoup de personnes menacées dans leur pays ont trouvé asile en France. Au début des années soixante, les Italiens étaient les plus nombreux, suivis par les Espagnols, les Polonais, les Russes et les Allemands. Et puis, après l'indépendance de leur pays, les Algériens sont venus nombreux en France. Sont arrivés ensuite, chronologiquement, les Africains, les Portugais, les Tunisiens et les Marocains. À partir du milieu des années soixante-dix, c'est majoritairement d'Asie que sont venus les nouveaux Parisiens. Ce sont eux qui enrichissent la culture de la France.

On estime que, sans les immigrés, il y aurait, en France, moins de 45 millions d'habitants. Plus de 10 millions de personnes nées en France ont au moins un parent ou un grand-parent né hors de France. C'est pourquoi, Paris est une capitale cosmopolite. Les manifestations de chaque culture sont présentes un peu partout. Il y a les lieux de culte des différentes religions, des églises orthodoxes, la Grande Mosquée qui fait face au jardin des Plantes, ou un petit sanctuaire shintoïste au cœur du parc Monceau. En se promenant, on peut passer devant le Pavillon japonais, rue de Babylone : on l'appelle *La Pagode*. On a aussi l'Institut du Monde arabe, sans parler du Zouave du pont de l'Alma ! André Malraux disait que l'avenir était au métissage. Métissage culturel, artistique, musical, métissage des langues. Les langues se métissent, tout comme les gens. Quand on dit *barda*, *toubib*, *clebs*, on parle tous un peu arabe.

Page 101
Un peu d'ordre, s'il vous plaît !

1. Tout le monde connaît la chanson *À Paris, à vélo, on dépasse les autos*. Ce sera le thème de ce petit exposé.

2. Dans un premier temps, nous examinerons les arguments en faveur de la diminution du nombre d'automobiles circulant à Paris. Ensuite, nous verrons quelles sont les mesures prises à Paris, puis nous examinerons les arguments de ceux qui sont pour ou contre ces mesures. Pour conclure, je vous donnerai mon opinion personnelle sur ce sujet.

3. La circulation à Paris est devenue un problème quotidien pour des millions de Parisiens.

4. Les embouteillages représentent une perte de temps. Ce temps perdu dans les embouteillages pourrait être consacré au travail, aux loisirs ou à la vie en famille.

5. La circulation est responsable de l'augmentation de la pollution et met en danger la santé des Parisiens, et en particulier celle des plus fragiles, les enfants et les personnes âgées.

6. Depuis quelques années, des mesures ont été prises par la Ville de Paris, et en 2001, un plan de circulation a été mis en place.

7. L'objectif de ces nouvelles mesures est de favoriser l'usage des transports en commun, plus rapides et moins polluants que la voiture et de favoriser la circulation à vélo.

8. Pour cela de nouveaux couloirs de bus ont été construits, que les taxis, les vélos et les deux-roues peuvent utiliser. Le nombre de pistes réservées aux vélos a nettement augmenté.

9. Ce nouveau plan de circulation a provoqué de nombreuses réactions, les unes positives, les autres négatives.

10. Du côté de ceux qui sont pour, il y a ceux qui circulent plus volontiers à vélo car la rue est moins dangereuse et l'air que l'on respire est meilleur, et ceux qui ont constaté que les voyages en bus étaient désormais plus rapides et plus agréables.

11. Du côté des contre, on trouve certains commerçants, persuadés que la diminution du trafic automobile va nuire à leur activité, mais aussi certains automobilistes qui considèrent la voiture comme un privilège individuel.

12. Pour ma part, je suis favorable à tous ces projets. Je remarque qu'en Allemagne et en Hollande, le vélo est roi et que les villes ont été aménagées pour une circulation non polluante. Je pense donc que l'avenir n'est pas dans la voiture et qu'il faut rendre la ville aux citadins.

Cultures

Page 104
Les expressions imagées

1. Je mange toujours très peu.
2. J'ai vraiment très faim ! Qu'est-ce que vous me proposez ?
3. Je ne trouve pas la solution. Allez, tu me la donnes ?
4. Dans cette histoire, on s'est moqué de moi !
5. Elle s'est mise dans une grande colère en apprenant la nouvelle !
6. Il cherche toujours la plus petite erreur.

7. Dis donc, je t'ai attendu pendant deux heures !
8. Alors, de quoi parlions-nous ?
9. C'est le genre de situation qui ne se présentera jamais.
10. Il a eu une jeunesse très difficile.

Exercices complémentaires

Page 109
Exercice 1
Qualité ou défaut

1. Tu peux compter sur lui. Il tient toujours ses promesses.
2. Tu crois à tout ce qu'il dit ? Tu as tort !
3. J'arrive toujours en retard mais ça ne le dérange pas.
4. Tu sais, il t'offrirait la lune, s'il le pouvait.
5. Il n'est pas très malin !
6. Mes problèmes ne l'intéressent pas du tout.
7. Un jour avec une, le lendemain avec une autre, il est comme ça.
8. Il dit toujours beaucoup de mal des autres.
9. Il a fait la sourde oreille à toutes mes demandes.
10. Demande-lui de t'aider, je suis sûr qu'il le fera.

Page 109
Exercice 4
Aimer

1. Silence, s'il vous plaît !
2. Si tu continues, je te donne une fessée.
3. Ça ne me déplaît pas !
4. Qu'est-ce qu'on est mal ici !
5. Tu es sûr de toi ?
6. Je ne le supporte plus.
7. Ça a été le coup de foudre !

Page 110
Exercice 6
L'opposition

1. Il m'a fait du chagrin et pourtant je n'arrive pas à lui en vouloir.
2. Même s'il n'est pas d'accord, tu lui dis de venir à 8 heures demain.
3. Malgré l'augmentation de mon salaire, je n'ai plus d'argent le 15 du mois.
4. En dépit de tous ses efforts, il n'a pas réussi à me convaincre.
5. Ce travail est fait en dépit du bon sens.
6. Il a réussi à se sauver malgré la vigilance du gardien.
7. Elle est charmante, par contre lui, il est insupportable !

8. Vous me dites qu'ils sont partis, pourtant ils étaient encore là il y a cinq minutes !
9. Je ne peux pas t'accompagner, en revanche je peux venir te chercher.
10. Il est sorti sans manteau malgré le froid ? Il tient à tomber malade !

Page 110
Exercice 8
Argumenter : cher / pas cher

1. Ces chaussures sont hors de prix, choisis-en d'autres !
2. Ce voyage est hors de prix !
3. Je vous le donne pour une bouchée de pain.
4. C'est vraiment bon marché, vous pouvez comparer !
5. C'est une affaire, achète-le !
6. À ce prix-là, vous l'avez pour rien !
7. Mais ça coûte les yeux de la tête !
8. Ce n'est pas donné !
9. C'est un cadeau, n'hésitez pas !
10. C'est à la portée de toutes les bourses.

Page 110
Exercice 9
Argumenter : laid / beau

1. Ce n'est pas terrible.
2. Ça vaut le déplacement.
3. C'est plutôt moche.
4. Ce n'est pas vilain.
5. Quelle horreur !
6. C'est sublime !
7. J'en ai le souffle coupé !
8. C'est un bel homme.
9. Bof !
10. C'est un vrai plaisir pour les yeux !

Page 112
Exercice 16
La prise de parole

1. Laissez-moi vous exprimer tout d'abord, le plaisir que j'ai d'être avec vous.
2. Une fois cette question réglée, nous pouvons à présent aborder le deuxième point de notre exposé.
3. Je vous remercie de votre attention.
4. Après cette brève introduction, entrons dans le vif du sujet.
5. Comment aborder cette question sans froisser les susceptibilités…
6. La dernière partie de ma conférence sera consacrée aux conséquences des décisions prises.
7. En premier lieu, nous chercherons, pour éviter tout malentendu, à définir les termes utilisés.
8. Après cette transition, passons au thème qui nous intéresse tous, celui des problèmes d'environnement.

Table des matières

Imprimé en France en septembre 2006 par I.M.E. - 25110 Baume-les-Dames
Dépôt légal : 5310/02